Gullivers Bücher
Taschenbücher für Kinder
Band 29

Erwin Moser

Ein Käfer wie ich

Erinnerungen eines Mehlkäfers
aus dem Burgenland

Zeichnungen von Erwin Moser

Erwin Moser, geboren 1954 in Wien, aufgewachsen im österreichischen Burgenland, absolvierte eine Schriftsetzerlehre, zog es jedoch schon bald vor, frei zu arbeiten. Er lebt in Wien oder im Burgenland. Im Programm Beltz & Gelberg veröffentlichte er zahlreiche Bilder- und Kinderbücher. *Großvaters Geschichten oder Das Bett mit den fliegenden Bäumen* und *Der Mond hinter den Scheunen* kamen auf die Auswahlliste zum Deutschen Jugendliteraturpreis. *Geschichten aus der Flasche im Meer* wurde in die Ehrenliste zum Österreichischen Staatspreis für Kinder- und Jugendliteratur aufgenommen. Für *Der Rabe im Schnee* wurde er in Japan mit dem Owl-Prize ausgezeichnet.

Gullivers Bücher (29)
© 1982, 1987 Beltz Verlag, Weinheim und Basel
Programm Beltz & Gelberg, Weinheim
Alle Rechte vorbehalten
Reihenlayout von Wolfgang Rudelius
Einband von Erwin Moser
Gesamtherstellung Druckhaus Beltz, 6944 Hemsbach
Printed in Germany
ISBN 3 407 78029 X
4 5 6 7 8   94 93 92 91 90

I. TEIL
Am Teich

1. KAPITEL Die Zuckermelone

Ich bin ein Mehlkäfer und für Käferverhältnisse schon ziemlich alt. Seit einigen Jahren wohne ich auf einem Dachboden, wo es sehr ruhig ist und mich selten jemand stört. Genau der richtige Ort für einen alten, ruhebedürftigen Mehlkäfer wie mich.

Vorne, neben dem Stiegenaufgang, steht eine Mehltruhe, die an einer Seite ein Loch hat. So komme ich bequem zu meinem Lieblingsessen, dem Mehl. Aber nicht immer ging es mir so gut. Geboren bin ich zum Beispiel unter der Rinde eines morschen Baumstrunks. In den ersten Jahren meines Lebens habe ich Mehl nicht einmal vom Hörensagen gekannt. Lange Zeit habe ich mich von dem Holz des Baumstrunks ernähren müssen, und das war auch der Grund, warum ich nicht fliegen konnte. Mehlkäfer können nämlich normalerweise *auch* fliegen. Ich konnte es nicht. Und von dieser Zeit will ich jetzt erzählen.

Wie gesagt, ich lebte in meiner Jugend in einem morschen Baumstrunk, der mir gleichzeitig als Futter diente. Mit der Zeit hatte ich viele Höhlen und Gänge in das weiche Holz gegraben und es mir behaglich eingerichtet. Der Baumstrunk stand am Rande eines Tümpelsees, den ich von meinem Standort aus gut überblicken konnte. Im Sommer war hier immer viel los. Im Wasser, an Land und in der Luft wimmelte es da manchmal nur so von den verschiedensten Insekten.

Eines Sommertages, ich hatte gerade die Arbeit an einem neuen Gang begonnen, besuchte mich Fritz, der Tausendfüßler. »He! Mehli!« rief er herauf. »Komm raus!

Unten am Wasser gibt's was zu sehen! Die roten und die schwarzen Ameisen streiten sich schon wieder!«

Das wollte ich mir natürlich nicht entgehen lassen, und so unterbrach ich meine Arbeit und folgte Fritz, der die Böschung zum Wasser hinunterrannte. Dicht am Ufer kletterten wir auf eine hohe Unkrautpflanze, die große, breite Blätter hatte.

Auf dem obersten Blatt ließen wir uns nieder und beobachteten die folgende Szene:

Nicht weit von unserem Standort wuchs auf der sandigen Böschung eine Zuckermelonenpflanze. Sie hatte nur eine einzige Frucht: eine wunderschöne, goldgelbe Zukkermelone. Die roten Ameisen hatten diese Melone schon vor Tagen entdeckt und waren natürlich voller Ungeduld, sie zu verspeisen. Aber wo sie es auch versuchten, die Oberfläche der Melone war für ihre Beißerchen zu hart, und sie fanden nirgends eine Stelle, an der sie sich bis zum süßen Fleisch der Melone durchnagen konnten. Tag für Tag krabbelten sie auf der schönen Frucht herum und überlegten hin und her, wie sie die Sache anpacken sollten. Eine besonders schlaue Ameise hatte dann eine gute Idee: Man braucht nur den Stengel der Melone durchzunagen, so daß sie nicht mehr weiterwachsen kann, und wartet dann in aller Ruhe ab, bis sie zu faulen beginnt. Ist einmal irgendwo eine faule Stelle in der Melonenhaut, so ist es für eine Ameise leicht, sich ins Innere vorzunagen.

An und für sich war das keine schlechte Idee. Aber die Kundschafter der feindlichen schwarzen Ameisen hatten die Melone in der Zwischenzeit ebenfalls entdeckt und die schwarzen Soldaten ihres Stammes benachrichtigt. Diese kamen gleich anmarschiert und wollten die roten Ameisen, die eben dabei waren, den Stengel der Melone durchzunagen, vertreiben.

Als Fritz und ich unseren Beobachtungsplatz eingenommen hatten, war die Rauferei bereits voll im Gang. Rund um die Melone tobte die Schlacht. Die schwarzen Ameisen hatten sich auf die roten gestürzt und versuchten nun, diese zum Wasser hin abzudrängen. Aber so leicht ließen sich diese nicht verjagen. Sie wehrten sich verbissen, und obwohl sie in der Minderheit waren, sah es so aus, als ob sie den Kampf gewinnen würden.

»Sieh dir das an«, sagte Fritz und stampfte ärgerlich mit den vordersten zehn Beinen auf, daß das Blatt zitterte, »da

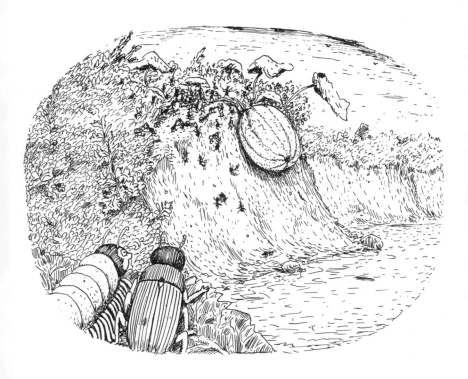

bringen sie sich wegen nichts und wieder nichts gegenseitig um. Wenn sie sich die Melone teilen würden, hätten beide Parteien genug zum Fressen!«

»Ach ja«, sagte ich, »du kennst ja die Ameisen. Die werden sich nie ändern. Die roten und die schwarzen Ameisen sind schon seit undenklichen Zeiten Todfeinde. Da kann man nichts machen.«

Nun war es den roten Ameisen tatsächlich gelungen, ihre Feinde von der Melone wegzudrängen. Langsam wichen die Schwarzen zurück. Viele Tote und Verwundete lagen schon herum. Plötzlich hörten wir es donnern. Das heranziehende Gewitter hatten wir vollkommen übersehen. »Schnell weg hier!« rief Fritz und wollte schon hinunterklettern, da begannen die ersten Tropfen zu fallen. Jetzt saßen wir schön in der Patsche!

»Warte, Fritz!« rief ich. »Es hat keinen Sinn, wir erreichen unsere Höhlen nicht mehr!«

Auch die Ameisen hatten das Gewitter bemerkt und rannten eilig in allen Richtungen davon, um einen sicheren Unterschlupf zu finden. So ein heftiger Regen ist eine verdammt gefährliche Sache für uns Insekten. Trifft dich ein Regentropfen – zack! –, schon zappelst du auf der Erde, oder, noch schlimmer, du wirst vom Wasser fortgerissen, und niemand kann dir helfen.

Fritz und ich taten deswegen das einzig Vernünftige in dieser Lage – wir krochen auf die Unterseite eines starken Blattes der Unkrautpflanze und klammerten uns mit aller Kraft fest. Fritz hatte es da leicht. Wo der sich mit seinen hundertvierundvierzig Beinen festkrallt, bringt ihn nichts mehr vom Fleck. Aber auch ich hielt mich gut fest. Das Blatt zitterte heftig unter den aufprallenden Regentropfen, doch es hielt stand. Auf der Unterseite war es trocken. Trotzdem wäre mir in diesem Moment wohler gewesen, wenn ich in meinem Baumstrunk gewesen wäre.

Fritz rief mir etwas zu. Doch durch den Lärm des Unwetters konnte ich ihn nicht verstehen. Er zeigte hinunter, in Richtung der Melone. Ich drehte den Kopf und sah gerade noch, wie die schöne gelbe Zuckermelone die Böschung hinunterkollerte und mit einem Platschen in den Tümpel fiel. Sie tauchte gleich wieder auf und trieb langsam zur Mitte des Tümpelsees hinaus.

Die mit großer Wucht heruntersausenden Regentrop-

fen hatten das Werk der Ameisen vollendet. Der angenagte Melonenstengel hatte dem Regen nicht standgehalten und war abgerissen. Na, die Ameisen würden Augen machen, wenn sie das sahen!

Wir überstanden das Gewitter recht gut. Glücklicherweise war es bald zu Ende. Fritz und ich waren trocken geblieben. Die Sonne kam wieder heraus und schickte ihre Strahlen herunter, als ob es nie ein Unwetter gegeben hätte. Wir kletterten auf die Oberseite des Blattes und ruhten uns aus.

»Das wäre vorbei«, sagte Fritz erleichtert. »Und alles nur wegen dieser idiotischen Ameisen!«

Wir warteten noch eine Weile, bis der Großteil des Regenwassers versickert war, dann trennten wir uns und gingen nach Hause.

2. KAPITEL Das gelbe Ei mit den roten Streifen

Am nächsten Tag, als ich wieder mit dem Graben meines neuen Ganges beschäftigt war – wen höre ich da? – Fritz!

»He, Mehli!« rief er aufgeregt. »Komm raus, ich hab' was Tolles entdeckt!«

Dieser Fritz! Wenn er mich nur einen Tag in Ruhe arbeiten lassen könnte! Jeden Tag kommt er mit einer neuen Sache daher, und ehe man sich's versieht, steckt man bis zum Halspanzer in Schwierigkeiten. »Laß mich in Ruhe!« rief ich daher zurück. »Ich hab' heute keine Lust zu gefährlichen Unternehmungen. Außerdem will ich endlich meinen neuen Gang fertiggraben!«

Aber so leicht ließ sich mein vielfüßiger Freund nicht abweisen. Er krabbelte in das Eingangsloch meiner Behausung und kletterte die drei Stockwerke zu mir herauf. »Sei kein Spielverderber, Mehli!« sagte er. »Komm mit, ich hab' was Wunderschönes entdeckt. Ich schwör' dir, so etwas hast du noch nie in deinem Leben gesehen. Du mußt es ganz einfach sehen! Abgesehen davon, brauche ich deine Hilfe. Ich will es nämlich in meine Wohnung transportieren, und alleine schaffe ich es nicht. Du mußt mir tragen helfen!«

»Jetzt brems dich aber!« sagte ich. »Wovon redest du überhaupt?«

»Na, von dem Ding, das ich gefunden habe! Komm, Mehli, laß die öde Graberei und komm mit. Ich sage dir, das mußt du gesehen haben!«

»Fritz, sei mal für eine Minute vernünftig. Was ist das für ein Ding, das du da gefunden hast?«

»Unten an der Böschung, in der Nähe der Melonenpflanze, liegt es. Gestern war es noch nicht dort. Ich glaube, die Menschen haben es hingeworfen. Es ist fast so groß wie eine Melone, vollkommen rund und über und über mit Haaren bewachsen. An einer Stelle ist ein Loch, aus dem es ganz seltsam riecht. Ich glaube, man kann's auch essen.«

Da soll nun einer draus schlau werden, was das ist. »Fritz«, sagte ich, »komm zu dir! Wenn das komische Ding so groß wie eine Melone ist, wie willst du es dann in deine Höhle befördern?«

»Laß mich doch ausreden!« sagte er. »Das haarige Ding

will ich ja gar nicht. Das andere will ich ... Ohh, das ist soooo schön. Ich muß es haben! Und du mußt mir helfen!«

»Bleib ruhig, Fritz, ganz ruhig. Ich helf dir ja. Aber vorher erzähl mir alles schön der Reihe nach!«

Endlich beruhigte sich der Tausendfüßler. »Also, ich trabte heute morgen zur Melonenranke hinunter, weil ich mir die Sache näher ansehen wollte. Aber der Regen hatte die Spuren der Ameisenschlacht vollkommen weggespült, und abgesehen vom durchgenagten Stengel gab es nichts Interessantes mehr zu sehen. Also spazierte ich das Ufer entlang und kam bald zu der Stelle, wo die Menschen manchmal ihren Unrat hinwerfen. Plötzlich sah ich das runde, haarige Ding. Ich ging vorsichtig näher 'ran und betrachtete es von allen Seiten. Dann entdeckte ich das Loch, und als ich näher hinsah, bemerkte ich neben dem Loch das wunderschöne gelbe Ei mit den roten Streifen. Leuchtend gelb ist es, und diese roten Streifen ... einfach herrlich! Ich muß es haben ...«

»Bist du sicher, daß es ein Ei ist?« fragte ich.

»Ja, natürlich!« sagte Fritz. »Ein Ei, ein ganz seltenes Ei. Hab' noch nie so eins gesehen.«

»Und wie groß ist es?«

»Na ja, ungefähr so groß wie ein gewöhnliches Käferei.«

»So. Und das willst du haben?«

»Ja, unbedingt!«

»Fritz«, sagte ich, »überlege doch einmal logisch. Dort liegt ein Ei. – Gut! Ein schönes Ei. – Auch gut! Aber weißt du, was für ein Wesen in dem Ei drinnen ist? Du sagst selbst, daß du so ein Ei noch nie gesehen hast. Und wenn ich so überlege, fällt mir auch kein Insekt ein, das gelbe Eier mit roten Streifen legt. Was nun, wenn du dieses Ei dann in deiner Höhle hast, und es schlüpft ein bösartiges Tier aus? Hast du daran schon gedacht?«

»Unsinn«, sagte Fritz, »aus so einem schönen Ei kann nur ein schönes, liebes Baby ausschlüpfen, da bin ich mir sicher. Geh, Mehli, verdirb mir nicht die Freude. Schau es dir wenigstens an. Wenn du es siehst, wirst du mir recht geben!«

Ich seufzte. Was soll man da machen? »Also gut«, sagte ich. »Aber in deine Wohnung tragen wir es nicht. Das ist zu riskant. Wir könnten das komische Ei eventuell an einen abgeschiedenen Platz schaffen und es beobachten, bis die Baby-Larve, oder was sonst drinnen ist, ausschlüpft. Dann sehen wir weiter.«

Fritz war mit meinem Vorschlag einverstanden, und wir verließen meinen Baumstrunk und gingen zum Abfallplatz der Menschen.

Als wir gerade den Unkrauturwald am Rande der Sandböschung passieren wollten, hörten wir unten am Wasser die zischenden Stimmen von Ameisen. Leise krochen wir weiter, dabei immer im Schatten der Unkrautblätter bleibend. Eine Gruppe von zwölf roten Ameisen war eben dabei, eine vertrocknete Erbsenhülse aufzubrechen. Wir errieten sofort, was sie vorhatten. Sie machten sich Boote, mit denen sie dann zu der Zuckermelone hinausfahren wollten, die in einiger Entfernung vom Ufer schwamm. Die leeren, halbierten Erbsenhülsen sollten ihnen dazu als Boote dienen.

Ja, Ameisen sind nicht dumm, wenn es darum geht, Futter zu beschaffen. Wenn sie nicht so grausam und rücksichtslos wären, könnte man sie manchmal direkt bewundern.

Fritz und ich umgingen die Melonenranken und paßten dabei auf, daß uns die Ameisen nicht entdeckten.

Es war ziemlich heiß. Die Sonne brannte mir mächtig auf den Rückenpanzer und verursachte mir ein leichtes Gefühl der Schlappheit in den Beinen. Wir Mehlkäfer sind eben nicht dazu geschaffen, tagsüber bei Sonnenschein herumzurennen. Wenn Fritz nicht wäre, ich glaube, ich würde selten meinen Baumstrunk verlassen.

Endlich erreichten wir die Stelle, an der die Menschen ihren Mist ablagerten.

»Dort, hinter dem Kalksteinblock ist es!« sagte Fritz und krabbelte freudig und ungeduldig weiter. Wir bogen um die Ecke, und ich sah sofort das »große runde, haarige Ding«. Es war eine Kokosnuß. Eine Schwalbe hatte mir einmal von diesen seltsamen Früchten erzählt, deswegen erkannte ich sie sofort. Die Schwalbe wollte mich damals mit ihren interessanten Geschichten aus meinem Loch locken. Aber das ist eine andere Geschichte... Jedenfalls wußte ich nun, daß das gelbe Ei mit den roten Streifen, zusammen mit der Kokosnuß, aus dem fernen Land im Süden stammte. Die Sache begann mich zu interessieren.

Wir waren bei der Kokosnuß angekommen. Fritz stutzte plötzlich und schrie erschrocken auf: »Es ist weg!« Schnell rannte er um die Kokosnuß herum. »Es ist weg! Es ist weg, es ist weg!« jammerte der Tausendfüßler. »Mein schönes Ei! Sie haben mein schönes Ei gestohlen!«

»Wo hat es denn gelegen?« fragte ich.

»Hier, da, neben dem Loch!« sagte Fritz. »Das waren die Ameisen. Jede Wette! Diese elende Bande!«

Ich kletterte auf die Kokosnuß und sah mich in der Gegend um. Und richtig, ich brauchte nicht lange zu schauen, da sah ich gerade noch, wie drei rote Ameisen mit dem gestreiften Ei im Eingangsloch ihres Hügels verschwanden. Der Ameisenhügel war zwar mindestens fünf Meter weit entfernt, aber meine scharfen Augen hatten es sehr deutlich gesehen. Ich kletterte wieder hinunter und sagte: »Fritz, du hast recht gehabt. Es waren die Ameisen. Ich habe sie eben noch gesehen, wie sie dein Ei in ihre Burg geschleppt haben!«

Der Tausendfüßler wollte sofort aufbrechen und sich das gestreifte Ei zurückerobern, was natürlich völlig sinnlos gewesen wäre. Die roten Ameisen hätten uns auf der Stelle mit ihren giftigen Bissen getötet. Mit Mühe gelang es mir, Fritz zu beruhigen. Schließlich krochen wir durch das Loch ins Innere der Kokosnuß und probierten diese exotische Speise. Sie schmeckte wirklich nicht schlecht.

»Fritz, vergiß das Ei«, sagte ich kauend. »Das ist jetzt im Ameisenbau. Die Ameisen würden es niemals freiwillig herausgeben, das weißt du genau. Wahrscheinlich füttern sie damit ihre Königin.«

Fritz hatte sich auf den Rücken gelegt und schaute nachdenklich in das dunkle Gewölbe der Kokosnuß. O je, dachte ich, wenn er diesen Gesichtsausdruck annimmt, kommt meistens nachher eine haarsträubende Idee heraus.

»Mehli, ich weiß, was wir machen«, sagte Fritz und lächelte schlau. »So leicht gebe ich mich nicht geschlagen. Wir gehen zu Babalubo, dem weisen Erdkäfer. Der muß uns sagen, wie wir den Ameisen beikommen können!«

Was sollte ich machen? Wenn sich Fritz was in den Kopf setzt, ist er nicht mehr davon abzubringen. Ich glaubte zwar nicht, daß uns Babalubo in dieser Sache helfen könnte, beschloß aber, Fritz zuliebe, mitzugehen. Außerdem hatte ich Babalubo schon lange nicht mehr gesehen, und ich freute mich auf diese Begegnung, da man herrlich mit ihm plaudern konnte. Der weise Erdkäfer wohnte aber auf der anderen Seite des Tümpelsees, wo die Böschung aus einer feuchten, lehmigen Erde bestand. Dort hatte er ein gut getarntes Loch, das tief ins Erdinnere führte.

»Okay, Fritz«, sagte ich. »Gehen wir zu Babalubo. Aber heute nicht mehr. Erst morgen. Der Weg ist sehr weit. Wir müssen ja den ganzen Tümpel umgehen. Das ist eine Wanderung von einem ganzen Tag. Mir tun jetzt schon die Füße weh, wenn ich nur daran denke.«

»Ausgeschlossen!« rief Fritz. »Mehli, du bist der lahmste Käfer, den ich kenne! Wir gehen natürlich *sofort* zu Babalubo. Morgen kann es bereits zu spät sein. Auch werden wir nicht gehen, sondern schwimmen!«

»Fritz, du spinnst!« sagte ich. »Keine zehn Hirschkäfer bringen mich ins Wasser! Ich und schwimmen – du mußt den Verstand verloren haben!«

»Mehli, jetzt wirst du unvernünftig. Wir werden uns natürlich ein Boot oder etwas Ähnliches besorgen und darauf hinüberrudern. Damit ersparen wir uns den langen Marsch. Was die Ameisen können, das können wir schon lange!«

»Alles gut und schön«, sagte ich. »Aber bedenk doch, die vielen unheimlichen Tiere im Wasser ... hu, mich gruselt!«

»Wenn du die Frösche und Kröten meinst, die sind harmlos«, sagte Fritz. »Die werden uns nichts tun.«

»Und Bonko, der böse Wasserkäfer, was ist mit dem? Ist der etwa auch dein Freund?«

»Ach was«, sagte Fritz, »wir warten, bis es dunkelt, und fahren dann los. Bonko schläft um diese Zeit sicher schon.«

Ich gab mich geschlagen. Fritz hatte mich wieder einmal überredet. Nach einigem Suchen fanden wir ein vertrocknetes, an den Rändern aufgebogenes Blatt, das sich ideal als Boot verwenden ließ. Es war federleicht und würde sicher schnell schwimmen. Wir versteckten es am Ufer und kletterten dann wieder in die Kokosnuß, wo wir den Einbruch des Abends abwarteten.

3. KAPITEL Melonko, die Ameise

Fritz war prächtiger Laune und voll Unternehmungsgeist. Ich selbst aber bekam ein etwas mulmiges Gefühl, wenn ich an die bevorstehende Wasserfahrt dachte.

Endlich brach draußen die Dämmerung an. Wir warteten noch eine Weile und stiegen dann zum Wasser hinunter. Die warme Abendluft war von vielfältigen Geräuschen erfüllt. Unsichtbar, zwischen den Wassergräsern verborgen, sangen die Unken. Dazwischen schmetterten die Wasserfrösche ihre lauten, knarrenden Schreie in den Himmel. Fritz zerrte das Blattboot aus dem Gestrüpp, und gemeinsam setzten wir es aufs Wasser. Jetzt wurde es ernst. Wenn nur Bonko schon schlief! Mit zittrigen Knien bestieg ich das schwankende Blatt. Fritz folgte. Er ließ dabei sein Hinterteil mit den letzten zehn Beinpaaren über den Rand des Bootes ins Wasser hängen und begann, sie rasend schnell zu bewegen. Das Blattboot setzte sich in Bewegung. Zügig glitten wir über das dunkle Wasser. Das Ufer entfernte sich immer mehr. Rechts von uns tanzte ein Mückenschwarm dicht über der Wasseroberfläche. Es war

schön anzusehen. Wie leicht sie sich in der Luft hielten – scheinbar vollkommen schwerelos. Ach ja, fliegen müßte man können! Schauernd blickte ich über den Blattrand ins Wasser. Es war klar und spiegelglatt, doch man sah nicht den Grund. Nur schwarzbraunes Halbdunkel unter einer schimmernden Oberfläche.

Fritz war ins Keuchen gekommen. Aber er lächelte, als ich ihn besorgt ansah. Nun mußten wir bald die Mitte des Teiches erreichen. Plötzlich sah ich einen dunklen Gegenstand vor uns auftauchen. Angestrengt sah ich hin. Die Melone! »Vorsicht, Fritz!« sagte ich. »Dort vorne schwimmt die Zuckermelone. Rudere leiser, möglicherweise sind noch Ameisen dort!«

In einem Sicherheitsabstand umfuhren wir die schwimmende Frucht. Als wir sie von der anderen Seite sehen konnten, erblickten wir die Erbsenboote der roten Ameisen. Sie waren also noch hier! Offenbar arbeiteten sie in Nachtschicht, um so schnell wie möglich ans süße Fleisch der Melone zu gelangen.

»Mehli, ich habe eine Idee«, sagte Fritz plötzlich. »Das ist *die* Gelegenheit! Wir machen die Boote der Ameisen los, so daß sie abtreiben, dann können sie nicht weg!«

»Nein, Fritz. Laß das! Es ist zu gefährlich! Außerdem hat es wenig Sinn. Die Ameisen würden früher oder später von ihren Genossen an Land mit neuen Booten abgeholt werden. Ich beschwöre dich, fahr weiter!«

Aber Fritz hörte nicht auf mich. Er steuerte unser Blattboot auf die an der Melone vertäuten Erbsenboote zu. Wir waren keine fünf Zentimeter davon entfernt, da ertönte vom obersten Punkt der Zuckermelone ein spitzer Alarmschrei. Ein Wachtposten der Ameisen hatte uns entdeckt! Gleich darauf tauchten fünf weitere Ameisen auf, die sofort zu den Erbsenbooten hinunterkletterten.

»Kehr um! Kehr um!« schrie ich.

Fritz hatte die Gefahr erkannt und strampelte wie ein Irrer mit den Hinterbeinen. Das Blattboot wendete. Die Ameisen waren in die Erbsenhülsen gesprungen und verfolgten uns mit wildem Geschrei und Gezische. Fritz hatte noch mehr Beine ins Wasser geschoben und ruderte, so schnell er konnte. Aufatmend bemerkte ich, daß wir das schnellere Schiff besaßen. Die Boote der Ameisen blieben immer mehr zurück. Zornige Schreie und Flüche wurden uns nachgeschickt. Ich zeigte den Ameisen eine lange Nase.

Fritz schnaufte wie eine asthmatische Seidenraupe.

»Schneller, Fritz!« rief ich. »Du schaffst es!«

Dann geschah es!

Als ob ein Blitz zwischen die Boote der roten Ameisen gefahren wäre, wurden sie urplötzlich in die Luft geschleudert. Mir stockte der Atem bei diesem Anblick. Ein schwerer, massiger Körper war inmitten des aufspritzenden Wassers aufgetaucht. Fritz hatte zu rudern aufgehört. Gebannt beobachteten wir das Schauspiel. Plötzlich wußte ich, was geschehen war! Bonko, der Wasserkäfer, hatte die Boote der Ameisen zum Kentern gebracht. Denen konnte niemand mehr helfen.

Die Wasseroberfläche war längst wieder still und glatt, als Fritz und ich noch immer wie erstarrt in unserem Blattboot hockten. Lange wagten wir nicht, uns zu rühren oder zu sprechen. Der Schreck war uns in sämtliche Glieder gefahren. Die gekenterten Erbsenboote trieben still dahin. Von den Ameisen war nichts zu sehen und nichts zu hören. Wir konnten nur hoffen, daß Bonko wieder in seine düsteren Gefilde unter Wasser zurückgekehrt war. Wir getrauten uns keine Bewegung zu machen, denn wir fürchteten, daß der schwarze Wasserkäfer auch noch auf uns aufmerksam werden könnte.

Vom Ufer her tönten die Rufe der Unken, als ob nichts geschehen wäre. Als wir so über das Wasser blickten, bemerkten wir auf einmal nicht weit von unserem Standort eine Bewegung im Wasser. Es war eine rote Ameise, die den Angriff des Wasserkäfers überlebt hatte und verzweifelt gegen das Untergehen ankämpfte.

Ich sah Fritz an – er erriet sofort meine Gedanken und steuerte unser Boot mit sachten Schwimmbewegungen auf die Ameise zu. Gemeinsam zogen wir sie ins Trockene. Erschöpft blieb sie in einer Wasserlache liegen. Fritz wagte es nun, weiterzufahren, und wir nahmen wieder Kurs auf das andere Ufer.

Zum ersten Mal hatte ich Gelegenheit, eine rote Ameise ausgiebig aus der Nähe zu betrachten. Das Tier besaß sechs dünne, aber kräftige Beine, die mit scharfen Krallen besetzt waren. Der auffallend dicke Hinterleib schimmerte rötlichbraun. Am Kopf saßen die gefürchteten, zangenförmigen Oberkiefer, mit denen die Ameisen ihre Feinde beißen, um sodann eine giftige Flüssigkeit aus dem Hinterleibsende in die Wunde des Opfers zu spritzen. Die gerettete Ameise rührte sich nicht. Offenbar war sie vor Erschöpfung eingeschlafen.

Ohne weitere Zwischenfälle erreichten wir das andere Ufer. Bonko war nicht mehr aufgetaucht.

»Was machen wir mit der da?« fragte ich Fritz und deutete auf die Ameise.

»Wir nehmen sie mit«, sagte Fritz. »Vielleicht ist sie uns noch von Nutzen.«

Ich weckte die Ameise. Sie kam zu sich und sah uns aus verschreckten Netzaugen an. Sie schien sich an das Vorgefallene zu erinnern, denn sie nahm eine Demutshaltung ein und gab leise, zischende Laute von sich, die eindeutig freundschaftlicher Art waren.

Fritz sah sie mißtrauisch an. Ob er wohl an das alte Insektensprichwort dachte, welches hieß: *Traue nie einer Ameise?*

»Wie heißt du?« fragte ich die Ameise.

Sie antwortete mit einem traurig klingenden Zischen. Mehr würden wir wohl aus ihr nicht herausbringen. Weder Fritz noch ich verstanden die komplizierte Sprache der Ameisen.

»Von jetzt an heißt du Melonko!« sagte ich, einer plötzlichen Eingebung folgend. »*Mel-* wie Melone und *-onko* wie Bonko!«

Fritz lachte. Die Ameise schien zu unserer Überraschung verstanden zu haben; denn sie nickte eifrig mit dem Kopf, zeigte mit einem Vorderbein auf sich und zischte: »Zschschmelsssonkisss...!«

Sie verstand also unsere Sprache, konnte sie aber offenbar nicht sprechen. Vermutlich waren ihre großen Oberkiefer daran schuld.

Wir kletterten nun alle drei die Lehmböschung hinauf und suchten das Eingangsloch zu Babalubos Bau. Fritz ging voran, gefolgt von Melonko, und zum Schluß ging ich. Es dauerte nicht lange, und der Tausendfüßler hatte das gutgetarnte Loch gefunden. Wir betraten den schmalen, kühlen Gang, der anfangs viele Windungen hatte, aber schon bald schnurgerade ins Erdinnere führte. Die Dunkelheit machte uns nichts aus, da wir alle drei in unserem ureigenen Element waren – der Erde.

Babalubo hatte unser Kommen bemerkt und kam uns abwehrbereit entgegen. Aber der Erdkäfer erkannte Fritz und mich sofort, als er uns sah. Wir wurden in eine geräumige Wohnhöhle geführt, wo wir Babalubo ausführlich unsere Erlebnisse berichteten. Die Ameise hatte sich etwas abseits hingesetzt und starrte teilnahmslos vor sich hin.

Als wir mit unserem Bericht zu Ende waren, kratzte sich Babalubo nachdenklich am Kinn. Der alte, behäbige Erdkäfer hatte eine wunderschöne, dunkelgrün schillernde Rückenfarbe. Niemand wußte, wie alt er tatsächlich war. Den Gerüchten nach mochte er sogar älter als Bonko sein, und der hatte gewiß seine zwanzig Jahre auf dem Buckel.

Babalubo sprach: »Liebe Freunde, eure Geschichte ist wirklich höchst interessant, aber das Ei mitten aus dem Ameisenbau herauszuholen, ist eine sehr, sehr gefährliche Angelegenheit. Es ist unmöglich, ungesehen in einen Ameisenhügel einzudringen. Unmöglich!«

»Das wissen wir«, sagte Fritz. »Deswegen kommen wir ja zu dir, Babalubo. Bitte, du mußt uns helfen, das Ei zurückzuholen, bevor es die Ameisen aussaugen.«

»Gut, gut«, sagte Babalubo. »Ich werde nachdenken. – Aber zuerst werden wir gemeinsam zu Abend essen. Ihr werdet sicher hungrig sein!«

Der Erdkäfer verschwand in einem der zahlreichen Seitengänge und kam bald darauf mit seltsamen Speisen wieder. Fritz gab er eine dünne, weiße Wurzel, die Ameise bekam eine süß duftende runde Frucht von der Größe einer Erbse, und mir schob er ein zusammengerolltes, kleines Blatt zu, in dem sich ein weißes Pulver befand.

Fritz und Melonko hatten sofort zu essen begonnen – mit großem Appetit, wie ich sehen konnte. Prüfend beschnupperte ich das weiße Pulver, von dem ein unbeschreiblich verlockender Duft aufstieg. »Was ist das?« fragte ich Babalubo.

Der Käfer lächelte wissend. »Koste einmal.«

Ich nahm einen Mundvoll von dem weißen Zeug. Ich sage euch, ich hatte nie etwas Köstlicheres gegessen. Das weiße Pulver zerging mir sofort auf der Zunge, und ich fühlte den Drang, mich in Berge von dieser Speise einzuwühlen und einzugraben.

»Das ist Mehl!« sagte Babalubo und lachte, als er meinen begeisterten Gesichtsausdruck bemerkte. »Ist ein Mehlkäfer und hat noch nie Mehl gesehen!« Babalubo hielt sich den Bauch vor Lachen.

Das war also Mehl! Zum ersten Mal in meinem Leben hatte ich Mehl gegessen. Ich sollte es nie mehr vergessen. Von diesem Augenblick an spürte ich in mir den Drang, dorthin zu wandern, wo Mehl ist. Der morsche Baumstrunk, an dem ich jahrelang genagt hatte, kam mir jetzt schal und geschmacklos vor.

Nachdem wir unser Mahl beendet hatten, fühlten wir uns wieder gestärkt und unternehmungslustig. Auch Melonko hatte das Essen sichtlich gutgetan.

Babalubo sagte: »Hört her, meine Freunde. Ich habe über euer Problem nachgedacht, und ich glaube, ich habe ein Mittel, mit dem ihr den ganzen Ameisenstaat außer Gefecht setzen könnt!«

Der Erdkäfer verschwand kurz in einer Seitenhöhle und kam mit einem seltsam glänzenden Ding zurück. »In diesem Behälter ist eine Flüssigkeit, die betäubend wirkt«, sagte er und stellte das Fläschchen vor uns zu Boden. »Wenn ihr den Inhalt dieses Behälters in ein Loch des Ameisenbaus gießt, werden alle Ameisen, die sich im Bau befinden, in einen tiefen Schlaf fallen. Nachdem ihr dies gemacht habt, müßt ihr eine Weile abwarten, bevor ihr den Bau betretet, sonst beginnt das Mittel auch bei euch zu wirken!«

Argwöhnisch betrachteten Fritz und ich das Fläschchen

mit der farblosen Flüssigkeit. Die Sache war uns nicht ganz geheuer.

»Und es wirkt sicher nur betäubend?« fragte Fritz.

»Na ja, ich habe es noch nicht ausprobiert«, sagte Babalubo. »Ich habe dieses Fläschchen vor langer Zeit auf einem Abfallplatz der Menschen gefunden, und auf dem Zettel, der dabei lag, stand, daß diese Flüssigkeit einschläfernd wirkt. Mehr weiß ich auch nicht.«

»Aber was ist, wenn die Flüssigkeit nun ein Gift ist?« fragte ich zögernd.

»Tja«, Babalubo zuckte mit den Schultern. »Ich hoffe es natürlich nicht, aber eine bessere Lösung fällt mir im Moment nicht ein.«

»Wollen wir es riskieren?« Fritz sah mich zweifelnd an.

Melonko hatte aufmerksam zugehört und sprudelte nun hastige Zischlaute hervor.

»Was meint sie?« sagte Fritz. »Zu dumm, daß wir sie nicht verstehen können!«

»Sie sagt, daß sie das Ei aus dem Ameisenhügel holen will!« sagte Babalubo.

Für Sekunden waren wir sprachlos. »Willst du damit sagen, daß du die Ameise verstehen kannst?« fragte Fritz.

Babalubo lachte. »Ja, natürlich«, sagte er. »Wußtet ihr das nicht?«

Unsere Ehrfurcht vor Babalubo stieg ins Unermeßliche. Gab es überhaupt etwas, das er nicht wußte?

»Was hat Melonko genau gesagt?« sagte ich. »Frag sie bitte, wie sie das bewerkstelligen will!«

Babalubo redete eine Weile in der Ameisensprache mit Melonko und übersetzte uns dann den Plan der Ameise: »Sie will in den Ameisenhügel zurückkehren und so tun, als ob nichts geschehen wäre. Wenn sie euer gestreiftes Ei gefunden hat, wird sie es in einem unbewachten Moment stehlen und durch eine geheime Pforte herausschleppen. Alles andere ist dann eure Sache.«

»Klingt ganz gut«, warf ich ein. »Aber wird sie auch ihr Wort halten können, wenn sie wieder zu Hause bei ihren Freunden ist?«

Babalubo übersetzte der Ameise meine Bedenken. Wir sahen, wie Melonko entrüstet den Kopf schüttelte und beteuernd auf Babalubo einredete.

»Ich denke, ihr könnt ihr voll vertrauen«, sagte der Erdkäfer. »Sie sagt, daß sie zu Hause keine Freunde habe und schon öfter daran gedacht habe, aus der Ameisenburg zu flüchten. Sie sagt auch, daß sie sehr glücklich wäre, wenn sie für immer bei euch bleiben dürfte. Sie will euch auf keinen Fall zur Last fallen, sondern sich nach Kräften nützlich machen und euch immer ein guter Freund sein.«

»Ja, wenn das so ist ...«, rief ich. »Melonko, du bist uns willkommen! Nicht wahr, Fritz?«

»Man kann nie genug Freunde haben!« sagte Fritz lächelnd und legte der Ameise seine vorderen vier Beine auf die Schulter.

So hatten wir also Melonko, die Ameise, bei uns aufgenommen. Nun konnte nicht mehr viel schiefgehen. Wir plauderten noch bis tief in die Nacht hinein mit Babalubo, der wunderbare Geschichten zu erzählen wußte. Ich fragte ihn besonders über das Mehl aus, denn ich wollte bald wieder in den Genuß dieser herrlichen Speise kommen. Der Erdkäfer erklärte mir, daß Mehl hauptsächlich in den Wohnungen der Menschen zu finden sei. Er erzählte von den verschiedenen Insekten, die in den

Häusern der Menschen wohnen. Von Spinnen, Wanzen, Fliegen, Holzwürmern, Motten, Flöhen und vielen anderen mehr. Atemlos hörten wir zu. Ja, Babalubo hatte die Welt gesehen!

Schließlich gingen wir schlafen. Von den Erlebnissen des vergangenen Tages müde, war ich bald tief eingeschlafen.

4. KAPITEL Der Maulbeerbaum

Zeitig am Morgen weckte uns Babalubo. Nach einem kräftigen Frühstück verabschiedeten wir uns von dem weisen Erdkäfer, der uns noch viele Ratschläge und die besten Wünsche mit auf den Weg gab. Auch das Fläschchen mit dem einschläfernden Gift nahmen wir mit auf unser Blattboot. Vielleicht würden wir es noch brauchen, wer weiß? Sollte uns Bonko, der Wasserkäfer, bei der Überfahrt belästigen, so würde er Bekanntschaft mit dem Inhalt des Fläschchens machen, so dachten wir. Das Giftfläschchen der Menschen war uns zwar immer noch nicht ganz geheuer, aber im äußersten Notfall hätten wir zumindest eine wirksame Waffe.

Dichte Dunstschwaden zogen über den Tümpelsee, als wir vom Ufer abstießen. Zügig glitten wir übers Wasser. Diesmal verhielten wir uns ganz still. Fritz bemühte sich, sehr leise zu rudern.

Der schwimmenden Melone wichen wir in einem großen Bogen aus; denn es stand zu erwarten, daß wieder Ameisen auf ihr beschäftigt waren. Der neblige Morgendunst kam uns dabei sehr gelegen. Die Umrisse der Melone waren nur undeutlich zu erkennen. Auch sonst war es ruhig über und um den Teich. Die meisten Insekten waren noch in ihren Schlupfwinkeln. Erst mit dem Aufgehen der Sonne würden sie herauskommen.

Ein flatterndes Geräusch ließ uns zusammenzucken. Aber es war nur ein brauner Nachtfalter, der auf dem Weg zu seinem dunklen Schlafwinkel war. Für ihn begann jetzt die Nacht. Schnell war er im Morgendunst verschwunden.

Wir erreichten ohne weitere Zwischenfälle das andere Ufer und marschierten sofort zu meiner Höhle im abgestorbenen Baumstrunk.

Dort angekommen, hielten wir eine kurze Beratung und machten folgenden Plan: Melonko sollte unverzüglich zum Ameisenbau gehen und das Ei mit den roten Streifen ausfindig machen. Sobald sie es gefunden hätte, würde sie es zu einem unbewachten Ausgang des Ameisenhügels schaffen, wo Fritz und ich es in Empfang nehmen würden. Sodann würden wir uns auf dem schnellsten Weg wieder in meinem Baumstrunk treffen. Das alles mußte sehr schnell gehen, denn wenn die Ameisen den Verlust des Eis bemerkten, würden sie sicher sofort alle Ausgänge ihres Baus verschließen und Suchtrupps aussenden. Zumindest war das zu erwarten. Ich machte mir etwas Sorgen um Melonko; denn von ihr hing zu einem Großteil das Gelingen unseres Plans ab. Sollte sie bei der Entwendung des Eis erwischt werden, konnten wir ihr nicht mehr helfen. Aber ihrem gleichmütigen Gesicht war keine Aufregung anzumerken. Diese Ameisen sind doch seltsame Insekten!

Nachdem wir alles besprochen hatten, brachen wir auf. Die ersten Sonnenstrahlen kitzelten uns an den Fühlern, als wir beim Hügel der roten Ameisen ankamen. Jetzt war es soweit! Fritz und ich versteckten uns in einem dichten Kamillengebüsch an der Nordseite des Ameisenbaus. Uns gegenüber lag das kleine, unbewachte Ausgangsloch, aus dem wir Melonko mit dem Ei erwarteten. Melonko selbst war zum Haupteingang der Ameisenburg an der gegenüberliegenden Seite gegangen. Gespannt warteten wir auf das Erscheinen der mutigen Ameise. Fritz knabberte nervös an einem Kamillenblatt herum. Aufmerksam beobachtete ich den stattlichen Ameisenhügel. Einige rote

Arbeiter waren auf der Spitze zu sehen. Wahrscheinlich führten sie Ausbesserungsarbeiten durch. So vergingen zehn Minuten.

»Ob sie sie geschnappt haben?« fragte ich Fritz.

»Unsinn«, sagte dieser leise. »Dann würden wir sicher Lärm hören!«

Weitere fünf Minuten vergingen. Mir kamen sie wie fünf Stunden vor. Plötzlich sahen wir eine Bewegung am Ausgangsloch. Ich stieß Fritz in die Seite. Richtig! Das gelb-rot gestreifte Ei tauchte im Loch auf, gefolgt von der kleinen Melonko, die es ins Freie schob.

»Los!« rief Fritz. Wir rannten, so schnell wir konnten, über den freien Platz zum Ameisenhügel.

»Alles in Ordnung?« fragte ich Melonko. Die Ameise nickte. Mit einem bereitgehaltenen Spinnwebfaden band ich Fritz das gestreifte Ei auf den Rücken. Dann liefen wir zum schützenden Unkrautwald zurück. Das alles war in wenigen Minuten geschehen.

Wir hatten das Kamillengebüsch noch nicht erreicht, da ertönte ein schriller Pfiff von der Spitze des Ameisenhügels. Hatte man uns entdeckt? Doch jetzt war keine Zeit zu verlieren. Ohne uns umzusehen, rannten wir durch den dichten Unkrauturwald. Dann über ein Stück kahlen Sandboden, die Böschung hinunter, an der Melonenpflanze vorbei, wieder durch Unkrautwald, bis wir endlich total außer Atem bei meinem Baumstrunk ankamen.

Ich atmete auf und konnte es kaum glauben: Wir hatten das rotgestreifte Ei! Wir krochen alle in das Innere des Baumstrunks, und ich verrammelte das Eingangsloch. Dabei schwor ich mir, mich nie, nie mehr auf solch ein gefährliches Abenteuer einzulassen.

Wir brachten das Ei in meinen geräumigen Wohnraum, wo wir es genau betrachteten. Fritz hatte recht gehabt. Es war das schönste Ei, das ich je gesehen hatte. Was da wohl für ein Superbaby ausschlüpfen würde?

Einige ruhige Tage waren vergangen. Ich nagte an meinem angefangenen Gang weiter, aber ich war nur mit halbem Herzen bei der Arbeit. Ich mußte immer wieder an den herrlichen Geschmack des Mehls denken, das ich bei Babalubo gegessen hatte.

Fritz verbrachte die meiste Zeit oben auf der Plattform des Baumstrunks, wo er das Ei mit den roten Streifen in die Sonne gelegt hatte. Der Tausendfüßler war richtig verliebt in das seltsame Ei aus Afrika und wartete ungeduldig auf das Ausschlüpfen des Babys. Wenn er nur nicht enttäuscht wurde! Melonko war so etwas wie Fritz' Kammerdiener geworden. Die Ameise war oft außerhalb des Baumstrunks unterwegs und brachte Fritz von ihren Ausflügen leckere Happen mit.

Eines Tages passierte dann, was ich insgeheim schon befürchtet hatte: Die roten Ameisen entdeckten meinen schönen, ruhigen, abgelegenen Baumstrunk! Sie waren Melonko gefolgt und hatten sie beobachtet, wie sie im Baumstrunk verschwunden war. Wir konnten gerade noch alle Eingänge verstopfen, dann hatten sie den Strunk umzingelt. Fritz brachte das Ei in Sicherheit. »Gerade jetzt müssen diese verflixten Ameisen kommen, wo das Baby kurz vor dem Ausschlüpfen ist!« sagte er wütend. »Was machen wir jetzt? Die Ameisen haben scharfe Zähne, die nagen sich zu uns durch wie nichts! Hier sind wir nicht sicher!«

»Keine Angst, die kriegen uns nicht!« sagte ich, denn hier war ich zu Hause, und was wäre das für ein Käfer, der keinen Notausgang in seinem Bau hat? Ich räumte im hintersten Teil meiner Wohnhöhle das angehäufte Holzmehl beiseite und – da war er, der Geheimgang! Ich band Fritz das Ei wieder auf den Rücken, und er stieg gleich, gefolgt von Melonko, in den geräumigen Gang hinunter. Draußen hörten wir die schrillen Stimmen der Ameisen, die begonnen hatten, den verrammelten Haupteingang durchzunagen. Ich sah mich noch ein letztes Mal um, dann wollte ich ebenfalls in den Geheimgang kriechen – da fiel mir plötzlich das Giftfläschchen von Babalubo ein. Ich

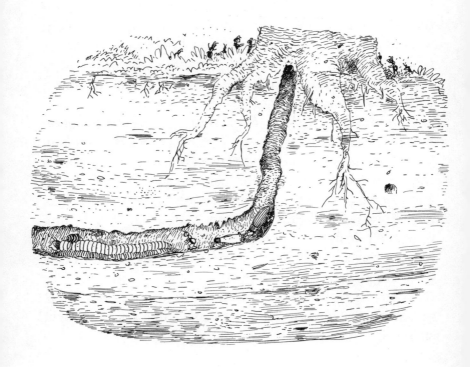

eilte zurück und nahm es an mich. Dann kroch ich endgültig in den Gang und verschüttete ihn hinter mir mit Holzmehl.

So, da können die Ameisen lange suchen!

Der Geheimgang ging fast senkrecht bis zu den Wurzeln des Baumstrunks hinunter, wo er dann in einen waagrechten Stollen überging, der durch die Erde gegraben war. Der Geheimgang mündete in einen Brennesselwald, nahe am Wasser. Ich hatte ihn schon vor Jahren angelegt. Er hatte mich viel Zeit und Mühe gekostet, aber die Mühe hatte sich gelohnt, wie man sieht.

Fritz und Melonko warteten am Ende des Ganges auf mich. »Wohin gehen wir jetzt?« fragte Fritz.

»Folgt mir!« sagte ich. »Ich weiß einen Ort, wo wir vor den Ameisen endgültig in Sicherheit sind!«

Ich hatte von den Ameisen entschieden die Nase voll und wollte keine mehr sehen. Melonko ausgenommen, natürlich. Weiter landeinwärts stand ein riesiger Maulbeerbaum, den ich schon lange als eventuellen Wohnort in Erwägung gezogen hatte. Zu diesem Baum gingen wir nun. Es war ein hübsches Stück Weges, und wir mußten öfter Rastpausen einlegen. Das Giftfläschchen, das ich mitgeschleppt hatte, drückte mich arg auf die Schultern, und ich war mehr als einmal in Versuchung, es einfach wegzuwerfen.

Der Tag ging schon dem Ende zu, als wir endlich am Fuße des Maulbeerbaumes ankamen. Der Baum war uns vom ersten Augenblick an sympathisch. Ein sanftes Lüftchen spielte mit seinen Blättern, die leise und einladend rauschten. Wir nahmen unsere letzten Kräfte zusammen und machten uns an den Aufstieg. Die rissige, süßlich duftende Rinde bot unseren Füßen leicht Halt, und bald waren wir in der Krone angelangt. Jetzt sahen wir auch, daß die Früchte des Baumes – die Maulbeeren – kurz vor der Reife standen. Besonders Melonko war darüber entzückt, da Ameisen süße Früchte über alles lieben. Auf einen starken, waagrecht gewachsenen Ast schlugen wir unser Quartier auf. An einer Stelle hob sich die Rinde etwas vom Holz ab. Dort krochen wir unter, und Fritz legte sein geliebtes Ei an einer geschützten Stelle ab. Melonko, die Unermüdliche, war in den oberen Teil der Baumkrone geklettert. Wahrscheinlich wollte sie vor dem Schlafengehen noch an einer süßen Maulbeere naschen. Das Fläschchen mit dem Betäubungsgift hatte ich in einem passenden Astloch verstaut.

Fritz und ich saßen nebeneinander auf dem Ast und schauten träumerisch in die dämmrige Ferne. Bei Tage mußte man von hier aus einen sagenhaften Ausblick haben.

Wir waren in diesem Moment sehr glücklich.

»Weißt du, Fritz«, sagte ich, »seit ich bei Babalubo dieses Mehl gegessen habe, packt mich jedesmal, wenn ich daran denke, eine unbeschreibliche Sehnsucht nach den Häusern der Menschen. Ich träume sogar schon von riesigen Mengen von Mehl. Ich weiß nun, dort liegt meine Zukunft. Ich meine, hier gefällt es mir auch sehr gut, aber die Vorstellung, mich durch einen Berg von Mehl zu wühlen, läßt mich nicht mehr los.«

»Das verstehe ich«, sagte Fritz. »Du bist eben ein Mehlkäfer. Das ist ganz natürlich, daß du Sehnsucht nach Mehl hast. Und du wirst sicher einmal zu deinem Mehl kommen. Was man wirklich erreichen will, das bekommt man auch. Schau mich an. Weißt du, wie man uns Tausendfüßler noch nennt?«

»Nein, wie denn?« sagte ich.

»Steinkriecher«, sagte Fritz. »Ja, ich bin ein Steinkriecher. Das höchste aller Gefühle ist für mich, unter Steinen, in der dunklen Kühle der Erde, herumzukriechen. Im Grunde meines Wesens spüre ich, daß das meine Bestimmung wäre. Aber genausosehr liebe ich das Abenteuer. Ein Tag, an dem nichts passiert, ist für mich ein vergeudeter Tag. Ich sage mir: Unter Steinen herumkriechen kann ich immer noch, wenn ich alt und müde bin, doch jetzt will ich die große, herrliche Welt sehen! – Meine Eltern zum Beispiel haben ihr ganzes langes Leben unter einem Ziegelstein verbracht. Kein einziges Mal haben sie sich ans Licht gewagt. Kein einziges Mal! Das muß sich einer vorstellen! Ja, mein Urgroßvater, das war noch ein Kerl! Er lebte in einem Nadelwald, später kam er dann auf ein Schiff der Menschen und fuhr jahrelang auf dem Meer herum. Was der alles gesehen hat! Angeblich soll er ganze zweiunddreißig Jahre alt geworden sein!«

In dieser Nacht schlief ich sehr gut. In den darauffolgenden Tagen geschah nichts Erwähnenswertes. Fritz hatte das gelbe Ei mit den roten Streifen in die Sonne gelegt. Das Ausschlüpfen des Babys wurde mit jedem Tag erwartet. Ich selbst hatte wieder einen Gang zu nagen begonnen. Das Holz des Maulbeerbaumes schmeckte wirklich nicht übel. Kurz gesagt, es ging uns gut.

5. KAPITEL Freund Maikäfer

Eines schönen Morgens weckte mich Melonko. Sie zischte und schnatterte aufgeregt und wollte mir offenbar etwas Wichtiges mitteilen.

»Was ist denn los, Melonko?« fragte ich.

Die Ameise deutete immer wieder zur Spitze des Baumes hinauf. Schließlich nahm sie mich am Vorderbein und zog mich ein Stück den Hauptast hinauf. Neugierig geworden, folgte ich Melonko. Wir stiegen immer höher, den stärksten Ast des Baumes hinauf. Ziemlich am Ende des drittletzten Astes saß ein dicker, brauner Käfer und nagte an einem Maulbeerblatt. Ich traute meinen Augen nicht! Es war ein Maikäfer! Ein Maikäfer um diese Jahreszeit? Das war mehr als seltsam.

»Oh, man besucht mich!« rief der Maikäfer, als er uns erblickte. »Willkommen, willkommen! Darf ich euch zum Frühstück einladen? Herrlich, diese Blätter! Wie hieß doch gleich diese Baumart?«

»Das ist ein Maulbeerbaum«, sagte ich. »Ich danke sehr für die Einladung, aber ich bin ein Mehlkäfer und fresse keine Blätter.«

»So, ein Mehlkäfer bist du?
>   Das Mehl ist unser Glück,
>   das Mehl ist unsre Speise.
>   Das Mehl macht uns nicht dick,
>   das Mehl macht uns sehr weise.

Kennst du das?« Der Maikäfer bewegte auf lustige Art seine fächerförmigen Fühler.

Ich war wie elektrisiert. »Was ist das für ein Lied?« fragte ich den Maikäfer.

»Das ist das Lied der Mehlkäfer«, sagte er. »Hab's oft gehört, als ich damals in der Mühle lebte.«

Eine große Wehmut hatte mich erfaßt. Es gab also noch andere Mehlkäfer auf der Welt! Und sie lebten sogar in einer Mühle!

»Aber sag, du hast dieses Lied noch nie gehört?« fragte der Maikäfer und sah mich aufmerksam an.

»Nein«, sagte ich und spürte, wie mir eine Träne über die Backe rann. »Ich habe noch nie einen anderen Mehlkäfer gesehen, und fliegen kann ich auch nicht.«

»Macht nichts, mein Freund, macht gar nichts«, sagte der Maikäfer fröhlich. »Was nicht ist, das kann noch werden!«

Die lustige, unbeschwerte Art dieses Käfers ließ keine traurigen Gefühle aufkommen.

»Ja ja, die Mehlkäfer ...«, fuhr er schmatzend fort, »ein sehr bescheidenes und kluges Völkchen ... Habe eine Zeitlang bei ihnen gewohnt ... in der Mühle ... mampf, mampf ... Habe eine Hochzeit miterlebt ... Ein Mehlkäfer hat eine Motte geheiratet ... hahaa, hab' selten soviel, soviel gelacht wie damals! Da war nämlich auch so eine närrische Maus auf dem Fest ... Die hat Wein gesoffen – das packst du nicht. Mit allen wollte sie gleichzeitig tanzen, bis sie dann kurz nach Mitternacht mitten auf der Festtafel eingeschlafen ist. Der Brautvater, der alte Mottinger, schon etwas schlecht mit den Augen beieinander ... mampf, mampf ... hat sich ihr Fell gut schmecken lassen ... Hat der Maus eine Glatze gefressen, so wahr ich hier sitze. Die Grillen haben gezirpt, bis sie wunde Zirpen hatten, oder wie die Dinger heißen. Sogar die Asseln waren aus ihren Löchern gekommen ... Tscha ... und zu guter Letzt ist die Braut mit einem Glühwurm durchgebrannt, hat sich von seinem Licht verführen lassen, nehme ich an ... Ach ja, wo sind die Zeiten ... Mehl habe ich übrigens auch gefressen, mehr als genug! Roggen-, Weizen-, Maismehl. Soooooolche Berge gibt's dort, sage ich dir. Glatt, griffig, mittel gemahlen, ganz wie es ihre Käferschaft wünscht ... War aber nichts für mich, auf die Dauer. Mehl macht uns Maikäfer schwer und dick ... Ist nicht gut fürs Fliegen, verstehst du? Fliegst herum in der Gegend wie eine besoffene Hummel, und alle zehn Meter geht dir die Luft aus. Nein, nein, unsereiner braucht Grünzeug ... schmatz. Vitamine ... schmatz mampf ...«

»Erzähl mir mehr von den Mehlkäfern!« bat ich. »Wie sehen sie aus, und was treiben sie den ganzen Tag?«

»Wie sie aussehen? Na, genauso wie du ... etwas heller vielleicht in der Färbung ... Kommt vom Mehl, denke ich. Etwas größer dürften sie auch sein. Und was sie so treiben? Oh, die führen ein behagliches Leben, sag ich dir! Es geht ihnen ja auch prächtig. Die haben keine Sorgen ums tägliche Futter ... Halten sehr viel auf ein harmonisches Familienleben ... besuchen sich gegenseitig in den Mehlhöhlen, quatschen gern ... und mindestens einmal in der Woche gibt's ein größeres Fest. Dazu sind auch immer alle anderen Bewohner der Mühle eingeladen: die Fliegen, die Mücken, die Spinnen, die Weberknechte, die Motten, die Mauerasseln und so fort. Diese Feste sind so beliebt und berühmt, daß nicht selten auch Gäste von auswärts kommen: Nachtfalter, Glühwürmer, Bremsen und so weiter und so fort. Ja, und nicht zu vergessen, die Mäuse. Soll ich

dir erzählen, wie ich überhaupt zu der Mühle gekommen bin?«

»Ja, klar!«

»... Flieg' ich also eines Nachts so vor mich hin, schlag' ein paar Saltos in der Luft – muß ich euch mal zeigen – und laß die Flügel brummen, daß es klingt wie der neueste Wald- und Wiesenschlager, da seh' ich plötzlich nicht weit voraus ein Lichtlein glimmen. Das schaust du dir aus der Nähe an, denk' ich mir und halte darauf zu. Tja, es war ein Glasfenster, Freunde. Zack, pardauz! – und ich lieg auf der Schnauz! Wußte ich damals, was das ist, ein *Glas*fenster? Nein! Also probier' ich's nochmal, und wieder und noch einmal. Verflixt, was ist das? ...«

»Entschuldige, wenn ich dich unterbreche«, sagte ich, »aber was ist das wirklich, ein *Glas*fenster?«

»Eine teuflische Erfindung der Menschen! Glas ist ein komplett durchsichtiges Material, das die Menschen in ihre Fenster geben. Total durchsichtig, sage ich! Du kannst mühelos hindurchsehen, aber hindurchgehen oder -fliegen kannst du nicht. Es ist zum Aus-der-Haut-fahren, wenn du an Glas gerätst!

Wie ich mich also so abplage, höre ich plötzlich jemanden neben mir fürchterlich lachen. Es war ein Nachtpfauenauge. ›Was ist los, Kamerad, hast du was verloren?‹ sagte er zu mir, der unverschämte Kerl, und lachte wieder.

Na, dann hat er mir die Sache mit dem Glas erklärt und hat mir anschließend den richtigen Eingang zur Mühle gezeigt. Oben am Giebel waren zwei Belüftungsscharten, durch die sind wir in die Mühle gekommen. Das Fest war gerade voll im Gang, mitten auf dem Mühlboden ist eine brennende Kerze gestanden, die die Mäuse spendiert hatten, und rund um dieses Licht ist es hoch hergegangen. Na, und so bin ich zu den Mehlkäfern gekommen ... Ungefähr zwei Wochen bin ich geblieben ...«

»Wie ist das?« fragte ich. »Gibt's in der Mühle auch Menschen?«

»Na und ob!« sagte der Maikäfer. »Tagsüber wimmelt es dort nur so vor Menschen. Die reinste Hektik, sage ich dir. Die einen bringen das Korn, und die anderen mahlen es zu Mehl. Das Mehl wird dann in Säcke abgefüllt und weggeführt. Dann sind da noch die riesigen Maschinen, die einen höllischen Lärm machen. Aber das Ganze spielt sich mehr im vorderen Teil der Mühle ab, und die Mehlkäfer wohnen im hinteren Teil, in den Lagerräumen, verstehst du? Im Grunde sind die Menschen harmlos, obwohl sie so wahnsinnig groß sind ... Natürlich ist es schon vorgekommen, daß ein Mensch einen Käfer zertreten hat, aber das ist sicher unabsichtlich geschehen. Ein vernünftiger Mehlkäfer verläßt tagsüber nicht seine Wohnung ...«

Der Maikäfer konnte stundenlang, ohne Unterbrechung, erzählen. So erfuhr ich immer mehr über das Leben meiner Mehlkäfer-Brüder. Jeden Abend kam er zu unserem Maulbeerbaum, um zu fressen und Geschichten zu erzählen. Melonko und ich erwarteten ihn jedesmal mit Ungeduld. Diese Plauderstündchen mit dem Maikäfer waren der Höhepunkt des Tages, denn das Leben in den luftigen Höhen unseres Baumes bot sonst kaum Abwechslung. Fritz war nach wie vor mit seinem Ei beschäftigt. Langeweile war für ihn ein Fremdwort.

Er wurde es nicht müde, das gestreifte Ding zu beobachten und zu bemuttern. Man hätte meinen können, er habe dieses Ei gelegt.

Bei Tage war die Aussicht von der Höhe unseres Maulbeerbaumes einfach umwerfend. Manchmal mußte ich ein aufkommendes Schwindelgefühl unterdrücken, wenn ich so in die Tiefe sah. Weiter hinten glänzte und glitzerte das Wasser des Tümpelsees in der Sonne. Dahinter, in weiter, weiter Ferne, konnte man einige Bauwerke der Menschen erkennen. Weiße Mauern mit dunklen Öffnungen und darüber die roten Dächer. Wie klein das aussah ... so, als ob Insekten drinnen wohnten. Aber ich wußte aus den Erzählungen des Maikäfers, daß die Menschen in Wirklichkeit riesengroß waren.

Eines Nachmittags erzählte der Maikäfer eine Geschichte, die mich auf eine wirklich verwegene Idee brachte.

Hier die Geschichte des Maikäfers: »Im wohl ruhigsten Eck der Mühle wohnte die nette und wohlgeachtete Mehlkäferfamilie von Jakob Staubinger. Fünf Kinder hatten sie, eines herziger als das andere. Der Jüngste, Felix hat er geheißen, war der quirligste und aufgeweckteste von allen. Die Mama hatte ihre Not mit ihm. ›Felix, geh nicht zu weit weg von zu Hause beim Spielen! – Felix, wie oft hab' ich dir schon gesagt, daß man die Spinnennetze nicht herunterreißen darf! – Felix, geh nicht zu nahe an das Loch im Lagerraum, hörst du?‹ So ging das den ganzen Tag. Aber Felix hörte nicht auf die Ermahnungen und Warnungen seiner Mama. Sein liebster Spielgefährte war Carlino, der Sohn einer ausländischen Mäusefamilie, die erst vor kurzem in die Mühle gezogen war. Dieser Carlino stand Felix in nichts an Abenteuerlust nach, und so kam es, daß die beiden ihre Streifzüge durch die Mühle immer weiter ausdehnten. Eines Tages entdeckten sie einen Lagerraum, in dem sie noch nie zuvor gewesen waren. Viele weiße Säcke standen dort aufgereiht an den Wänden, und das sah sehr geheimnisvoll aus, denn die Säcke waren alle zugebunden. Die anderen Bewohner der Mühle mieden diesen Raum, da sie wußten, daß hier oft Menschen verkehrten. Die weißen Säcke blieben nie lange an ihrem Platz stehen; sie wurden regelmäßig von den Menschen ausgetauscht. Carlino und Felix wußten das nicht, doch selbst wenn sie es gewußt hätten, wäre das vermutlich für sie kein Grund gewesen, sich die Sache nicht einmal anzusehen.

Die zwei spazierten also die Reihen der Säcke ab, und

Felix sagte zu Carlino: ›Was meinst du wohl, was da drinnen ist, Carlino?‹

›Hm, schwer zu sagen, man müßte nachschauen.‹

›Ja, aber wie? Die Säcke sind fest zugebunden, da kommst du nicht 'ran!‹

›Wetten, daß ich doch 'rankomme?‹ sagte Carlino.

›Und wie?‹ sagte Felix.

›Zuerst wetten wir!‹

›Also gut, wenn du diesen Sack hier aufmachst, bekommst du von mir die Walnuß, die ich gestern gefunden habe. Und was krieg' ich von dir?‹

›Von mir kriegst du meine gelbe Zauberbohne – wenn ich verliere.‹

›Gut, einverstanden!‹

Carlino machte sich gleich ans Werk. Er war sich sicher, daß er die Wette gewinnen würde, war er doch immer schon der Beste im Nagen gewesen ...

Der Mäuserich besah sich den Sack von allen Seiten. Aha! Da war eine lockere Stelle in der Seitennaht. Carlino kletterte hinauf und begann, kräftig zu nagen und zu knabbern. Felix stand unten und schaute ihm gespannt zu. Dann passierte es!

Die angenagte Naht des prallen Sackes begann plötzlich von selbst weiterzureißen, und gleichzeitig stürzte ein Schwall feinsten Mehls aus dem Riß – genau auf den armen Felix drauf! Der halbe Sack leerte sich in Sekundenschnelle, und Felix war unter einem hohen Mehlberg verschüttet. Carlino war zu Tode erschrocken. Sofort ging er daran, seinen Freund auszubuddeln. ›Felix, ist dir was passiert? Das wollte ich nicht, nein, nein!‹

Um das Unglück vollkommen zu machen, ging in diesem Moment die Tür der Kammer auf, und herein trat ein – Mensch! Carlino konnte sich eben noch hinter dem nächsten Sack verstecken. Von dort aus sah er mit Entsetzen, was nun geschah. Der Mensch bemerkte sofort den geplatzten Sack. Er stieß brummende und grollende Laute aus und machte sich daran, das verschüttete Mehl in einen anderen Sack umzufüllen. Carlino überlegte fieberhaft. Was sollte er jetzt tun? Allein konnte er hier nichts mehr ausrichten. Also rannte er so schnell er konnte nach Hause. Dort berichtete er aufgeregt alles seinen Eltern. Ich war gerade zufällig bei Carlinos Eltern zu Gast und hörte so die ganze Geschichte mit an. Ohne weiter zu überlegen, stieg ich auf und flog in diesen Lagerraum. Dort sah ich, wie der Mensch eben den Sack zuknüpfte, auf die Schulter lud und ihn wegtrug. Ohne Zweifel – Felix mußte sich nun in diesem Mehlsack befinden! Jetzt war es das Wichtigste, den Sack nicht aus den Augen zu verlieren. Der Mensch (es war der Müller) trug den Mehlsack zur Verladerampe der Mühle und schmiß ihn dort auf einen Karren. Auch das noch! dachte ich. Aber ich war fest entschlossen, Felix zu befreien. Ich flog zu dem Karren und setzte mich auf den Sack. Kurz darauf kam ein anderer Mensch, stieg auf den Karren, sagte Hü! zu dem Pferd, das davorgespannt war, und los ging die Fahrt.

Nun, was soll ich noch lange reden – wir landeten in einer Backstube. Der Sack wurde zu anderen Säcken in einen Winkel gestellt, und da stand er nun. Ich kletterte über den Mehlsack und rief alle fünf Zentimeter: ›Felix! Felix! Hörst du mich?‹ Aber ich bekam keine Antwort. Zwei sorgenvolle Tage vergingen, in denen ich alles Käfermögliche versuchte, den kleinen Felix zu befreien. Es war nichts zu machen. Ich konnte den Sack unmöglich öffnen.

Am dritten Tag kam dann ein Bäckergeselle, schulterte den Sack und trug ihn in einen anderen Raum. Ich folgte ihm unauffällig und mit klopfendem Herzen. Was würde nun geschehen?

Der Bäcker-Mensch öffnete den Mehlsack und leerte den Inhalt in einen großen Bottich. Jetzt gilt's! dachte ich und zischte in einer steilen Rechtskurve über die Schulter des Menschen. Die Mehlstaubwolke verzog sich rasch, und da sah ich Felix, wie er über das Mehl krabbelte. Was tu ich? Ich brumme im Sturzflug hinunter, bremse mit aller Kraft dicht über Felix ab – mir tun heute noch die Flügel weh, wenn ich daran denke –, packe den kleinen Mehlteufel mit meinen Greifern und zische mit ihm durch das offene Fenster ab. Hinter mir höre ich noch einen Knall – der Bäcker-Mensch hatte mir etwas nachgeworfen, aber zum Glück nicht getroffen. So bin ich mit dem kleinen Mehlkäfer Felix zurück zur Mühle geflogen. Hat mächtiges Aufsehen erregt, diese Tat, sag' ich euch. Mit einem Schlag war ich eine berühmte Persönlichkeit in der Mühle und Umgebung. Felix war wohlauf, ihm war nichts geschehen. Ja, ich glaube, er hat es sogar genossen, von mir durch die Luft getragen zu werden ... ja ja ... wird jetzt wohl auch schon erwachsen sein, der kleine Felix ...«

Während der Maikäfer diese Geschichte erzählt hatte, war mir eine Idee gekommen. »Glaubst du, daß du *mich* ebenso durch die Luft tragen könntest wie den kleinen Felix?« fragte ich und erschrak gleichzeitig vor meinen tollkühnen Gedanken.

Der Maikäfer lachte laut. Aber als er mich dann forschend ansah, bemerkte er, daß es mir ernst war. »Ja, um Himmels willen, wo willst du hin?« sagte er.

»Ich will, daß du mich zu der Mühle fliegst!« antwortete ich. »Nicht mehr und nicht weniger!«

Der Maikäfer wollte eben etwas erwidern, als ein durchdringender Pfiff unsere Unterhaltung unterbrach. Fritz! Das war Fritz. Und so pfiff er nur, wenn Gefahr im Anzug war. Auf der unteren Astgabel mußte etwas passiert sein! Ich sah mich um; Melonko hatte schon mit dem Abstieg begonnen. »Rasch!« sagte ich zu dem Maikäfer. »Mein Freund ist in Gefahr! Flieg mich hinunter!«

Der Maikäfer nahm mich zwischen seine sechs Beine, pumpte Luft in seinen Körper und stieß sich surrend vom Ast ab.

Mein Magen hob sich im Leib, als es schnell abwärts ging. Unwillkürlich hatte ich die Augen geschlossen. Als ich sie wieder öffnete, sah ich, daß wir uns bereits in der Höhe des Baumstamms befanden. Und noch etwas sah ich! Eine dicht geschlossene Kolonne von schwarzen Ameisen hatte den Aufstieg zu unserem Baum begonnen. Auf der ersten Astgabelung stand Fritz, pfiff wie ein Irrer und winkte mit sämtlichen Armen. Der Maikäfer zog eine gekonnte Schleife und landete kurz darauf neben Fritz.

»Ameisen!« sagte Fritz und zeigte hinunter.

»Hab's schon gesehen«, sagte ich. »Paß auf, Fritz, denen werden wir die Kletterpartie gründlich versalzen!« Rasch holte ich Babalubos Giftfläschchen aus dem Versteck.

»Beeil dich, Mehli, sie werden gleich da sein!« rief Fritz.

Vorsichtig trug ich das Giftfläschchen zur Astgabel. Ich verkeilte es in der Rinde und ging daran, die Kappe abzuschrauben.

Der Maikäfer hatte mir die ganze Zeit zugesehen. Jetzt lachte er los. »Was willst du denn *damit* anfangen?« sagte er und zeigte auf das Fläschchen.

»Das ist Gift!« sagte ich. »Achtung! Kommt mir nicht zu nahe!«

Ließ sich verdammt schwer öffnen, der Verschluß. Der Maikäfer lachte plötzlich schallend los.

»Das ist jetzt wirklich nicht der passende Moment für Witze!« sagte ich ärgerlich. »Helft mir lieber, dieses Ding da zu öffnen!«

»Wißt ihr, was da wirklich drinnen ist?« sagte der Maikäfer und hielt sich seinen dicken Bauch vor Lachen. »Das ist Parfüm!«

»Parfüm?« Fritz und ich sahen uns verdutzt an. »Und was soll das deiner Meinung nach sein, dieses ... dieses Parfüm?« fragte ich.

»Ein Duftwasser ist das!« sagte der Maikäfer. »Laß mich mal 'ran, ich werde euch zeigen, was man damit macht!«

Bevor ich etwas sagen konnte, hatte der Maikäfer mit einem kräftigen Ruck das Fläschchen geöffnet. Halb gelähmt vor Schreck sahen Fritz und ich, wie er einen Vorderfuß in die Flüssigkeit tauchte und sich ein paar Tropfen in die Fühler strich. »Aaa, mmmm, aaaaah...«, machte er dabei.

Vergeblich warteten wir, daß der Maikäfer von der Wirkung des »Giftes« umfallen würde. »Kommt näher, ihr Dummköpfe, und nehmt auch eine Nase voll! Köstlich, dieser Duft, mmmmm ...«

Tatsächlich! Babalubos Gift war nichts weiter als ein Duftwasser. Jetzt saßen wir schön in der Tinte. Ich konnte bereits das Krabbeln der Ameisen am Baumstamm hören. Von oben traf jetzt Melonko ein. Und plötzlich roch Melonko das Parfüm! Sie stieß ein erschrockenes Zischen aus und wollte gleich wieder den Ast hinaufklettern. Aber sie kam nicht weit. Nach wenigen Schritten blieb sie auf einem Rindenvorsprung liegen – bewußtlos.

Das Wässerchen wirkte also doch! Aber nur auf Ameisen!

Nun handelten wir rasch. Fritz und ich packten das Fläschchen und gossen das Parfüm über den Baumstamm. Rasch rann es über die Rinde, den Ameisen entgegen. Das leere Fläschchen warfen wir hinterher. Dann beugten wir uns vor und beobachteten die Wirkung des »Giftes«. Als es die Ameisen erreicht hatte, purzelten diese wie reife Früchte in die Tiefe. Phantastisch!

Hinter uns jammerte der Maikäfer: »Das schöne Parfüm! Sie haben es verschüttet!«

6. KAPITEL Die Flugreise

Melonko kam nach ungefähr einer Stunde wieder zu sich. Auch die schwarzen Ameisen erwachten nach und nach, wie wir deutlich sehen konnten. In einigem Abstand vom Maulbeerbaum sammelten sie sich und hielten Rat. Kurz darauf sahen wir sie in Reih und Glied in Richtung Tümpel abziehen. Die hatten genug! Auch Melonko hatte genug und ging uns in den nächsten Tagen aus dem Weg, da wir noch lange den Duft des Parfüms an uns trugen.

Das Leben nahm wieder seinen gewohnten Lauf, das gelbe Ei mit den roten Streifen lag nach wie vor an seinem Platz in der Sonne, behütet vom unermüdlichen Tausendfüßler. Allmählich gab ich die Hoffnung auf, daß da jemals ein Lebewesen ausschlüpfen würde. Ursprünglich hatte ich vorgehabt, das Ausschlüpfen des Babys abzuwarten und erst dann die Flugreise zu der Mühle meiner Träume zu wagen. Aber die Tage vergingen, ohne daß sich etwas regte, und so beschloß ich, die Reise schon bald anzutreten.

Mit dem Maikäfer war bereits alles abgesprochen; er war bereit, mit mir zu der Mühle zu fliegen. Seine Geschichten über die Bewohner der Mühle hatten in mir eine unstillbare Sehnsucht wachgerufen. Ich *mußte* zu diesem sagenhaften Ort! Schade, daß Fritz nicht mitkonnte. Aber ich würde ja bald wieder zurück sein.

Eines Tages war es dann soweit. Es war ein windstiller, lauer Sommertag. Die Sonne verbarg sich zeitweise hinter riesigen, weißen Wolken, und auf den Bäumen regte sich kein Blatt. Ideales Flugwetter! Auf dem schönen, waagrechten Ast des Maulbeerbaumes verabschiedete ich mich von Fritz und Melonko. Der Maikäfer stand abseits und machte Atem- und Turnübungen, um für den langen Flug fit zu sein.

»Siehst du, so ist das Leben«, sagte Fritz. »Noch vor wenigen Tagen wolltest du nicht einmal zwei Schritte aus deinem Baumstrunk machen, und jetzt zieht es dich in die weite Welt, während ich seßhaft geworden bin, wie es aussieht. Ich wünsche dir viel, viel Glück, alter Freund. Geh du nur zu deiner Mühle, wahrscheinlich ist es besser so... Paß gut auf dich auf! Und vergiß deinen alten Fritz nicht.«

»Fritz! Nun mach aber einen Punkt!« rief ich. »Du tust ja, als ob ich für immer und ewig fortgehen würde! Wie oft soll ich es noch sagen: Ich seh' mir die Mühle nur an. In ein, zwei Tagen bin ich vielleicht schon wieder da. Ich komme ganz sicher wieder zurück, das verspreche ich. Allein schon deshalb, weil ich neugierig bin, wie dein Baby aussehen wird. Mach kein so trauriges Gesicht. Und du auch nicht, Melonko!«

Fritz umarmte mich noch einmal mit seinen sechzehn

Vorderfüßen, daß ich glaubte, er würde mir den Brustpanzer eindrücken. Dann wandte er sich schnell ab und lief geschäftig den Hauptast hinauf.

»Na, kann's losgehen?« fragte der Maikäfer.

»Alles bereit«, sagte ich. Der Maikäfer kroch über mich, hielt mich mit seinen kräftigen Beinen fest und pumpte Luft in seine Lungen. Die Flügel begannen mit einem scharfen Knall zu surren, und er hob ab. Wir flogen! Diesmal schloß ich nicht die Augen. Mit einer für mich ungewohnten und atemberaubenden Geschwindigkeit ließen wir den Maulbeerbaum hinter uns. Der Maikäfer zog eine Schleife und drehte noch eine Abschiedsrunde um die Baumkrone. Melonko hockte auf dem Ast und winkte. Sie war so winzig, daß ich sie kaum ausnehmen konnte. Fritz war verschwunden.

Der Maikäfer schlug nun die Richtung zu den Behausungen der Menschen ein. Seid ihr schon einmal geflogen? Ich sage euch, es ist ein tolles, ein berauschendes Gefühl! Ja, ich wußte nicht, ob ich schreien oder singen sollte, so wurde ich von meinen Gefühlen überwältigt. Schrankenlos ist die Luft, unendlich der Raum um dich. Es gibt nichts, was dich behindern könnte. Keine Äste, die im Weg liegen, keine Steine, kein Wasser, das du durchschwimmen mußt, keine Ameisen, die dir nachstellen, nichts! Die totale Freiheit! Ja, so ist das, mein Lieber.

Unter uns zog die grüne Landschaft hindurch, Blumen in allen Farben, Sträucher, Unkrauturwälder. Da und dort sah man ein Marienkäferchen auf einer Pflanze kriechen, und auch viele Bienen schwebten über den Blüten der Blumen. Prächtigen Schmetterlingen begegneten wir in der Luft und noch vielen anderen Insekten, die ich nie zuvor gesehen hatte. Mit einem Wort: Es war herrlich!

Auch mein Flugzeug, der Maikäfer, war bester Laune, und das äußerte sich bald darauf auf eine Art, die mir gar nicht gefiel. Er flog nämlich nicht schnurgerade und in gleichbleibender Höhe dahin, sondern begann nach einiger Zeit in der Luft Faxen zu machen. Drehte Spiralen, der verflixte Kerl, zog steil in die Höhe und stürzte sich dann wieder in die Tiefe, daß mir das Frühstück hochkommen wollte. »He!« rief ich. »Nicht! Nicht! Laß das! Uuuuuuuh!«

Aber er lachte nur, der dicke Tolpatsch. »Paß auf, Mehli, jetzt zeig' ich dir einen dreifachen Luftpurzelbaum!«

»Um Himmels willen, ich bin nicht neugieriiii-iiiiiggg!«
Schließlich wurde mir so schlecht, daß wir auf einem hohen Baum landen mußten. Der Maikäfer setzte mich lachend auf einem Ast ab. Vor meinen Augen drehte sich alles. Ich war wirklich wütend. »Mußte das sein?!« rief ich. »Du verrückter Käfer, du! Gott, ist mir schlecht...«
»Schon gut«, sagte der Maikäfer. »Wollte ja nur Spaß machen. Ruh dich aus, ich seh' mich hier ein bißchen um.«
Kinder, war mir schlecht... Doch jetzt, wo ich wieder festen Boden unter den Füßen hatte, erholte ich mich schnell. Nachdem ich wieder ganz bei Sinnen war, schaute ich mir den Ort, an dem mich der Maikäfer abgesetzt hatte, näher an. Es war ein Baum mit sehr grober, rissiger Rinde. Seine Blätter waren schmal und lang. Ich biß ein Stück Rinde ab, spuckte es aber gleich wieder aus. Sie war staubtrocken und schmeckte sehr bitter. Ich kletterte den Ast entlang, bis ich zu seiner äußersten Spitze gelangte. Die Aussicht war auch hier sehr gut, aber unseren Maulbeerbaum konnte ich nicht mehr sehen. So weit waren wir schon von zu Hause entfernt!

Auf einem der äußeren Blätter entdeckte ich eine winzige grüne Blattlaus. Ich beobachtete sie eine Weile, wie sie klitzekleine Häppchen von dem Blatt abbiß. »Schmeckt's?« fragte ich. Die kleine Laus erschrak und sah mich mit kugelrunden Augen an. Sie erwiderte kein Wort. Waren Läuse etwa stumm? »Na, na, laß dich nicht stören, ich geh' ja schon«, sagte ich und kroch den Ast zurück.

Ich fühlte mich jetzt wieder ganz passabel und war bereit zum Weiterflug. Aber wo war der Maikäfer? Ich konnte ihn nirgendwo sehen. »Maikäfer! Halloooh!« rief ich und suchte mit den Blicken die gewaltige Baumkrone ab. Doch die einzige Antwort, die ich erhielt, war das leise Säuseln, das ein Lüftchen in den Blättern verursachte. »Halloh, halloooh! Wo bist duuuu?« Keine Antwort. Wo steckte er nur, dieser unzuverlässige Bursche? Ich kletterte einen dicken Ast des Baumes höher hinauf, dabei rief ich in kurzen Abständen nach dem Maikäfer. Als ich so die dicke Rinde hinaufkroch, bemerkte ich plötzlich vor mir eine Bewegung. Ein Rindenstück hob sich etwas, und darunter kam ein großer brauner Käfer zum Vorschein. Ich blieb wie angewurzelt stehen. Freund oder Feind? Der fremde Käfer hatte ungeheuer lange Fühler, die er jetzt abwechselnd hin und her bewegte. Das sah sehr bedrohlich aus.

»Was schreist du hier herum?« sagte er mit tiefer, markiger Stimme. »Weißt du nicht, wo du bist? Hier wird nicht gelärmt! Dies ist der heilige Baum der Bockkäfer! Wer hat dir überhaupt erlaubt, diesen Baum zu betreten?«

»Entschuldigung ...«, sagte ich leise. »Tut mir leid ... ich ... ich geh' ja schon ... Auf ... auf Wiedersehen ...« Ich drehte mich rasch um und rannte, so schnell ich konnte, den Ast hinauf. Heiliger Baum der Bockkäfer – hu, mich gruselte! Wenn ich doch nur den Maikäfer finden würde! Keine Minute wollte ich länger an diesem unheimlichen Ort bleiben.

Ziemlich auf der Spitze des Baumes fand ich dann endlich den Maikäfer. Was tat er? Fressen natürlich!

»He, Mehli, komm her und koste einmal diese herrlichen Blätter!« sagte er schmatzend. »Mm ... traumhaft ... ach ja, stimmt, du magst ja keine Blätter.«

»Freund Maikäfer, ich beschwöre dich, laß uns schnell von hier verschwinden!« sagte ich. »Hier ist es nicht geheuer. Ich habe eben eine unheimliche Begegnung gehabt. Weißt du, was das für ein Baum ist? Der heilige Baum der Bockkäfer! Heilig, verstehst du? Wenn die dich erwischen, wie du ihren heiligen Baum anknabberst... Ich bin mir nicht sicher, was die dann mit uns anstellen!«

Der Maikäfer lachte nur – wie immer. »Heilig oder nicht heilig, die Blätter schmecken jedenfalls köstlich!« sagte er und fraß weiter.

Es war zum Verzweifeln. Wie konnte man nur so sorglos und gefräßig sein! Überhaupt war mir schon öfter aufgefallen, daß die Insekten, die fliegen konnten, viel unbeschwerter und dreister waren als die, welche am Boden herumkriechen mußten. Eigentlich leicht zu verstehen. Die mit ihren Flügeln konnten sich ja jederzeit in die Luft erheben, wenn Gefahr drohte.

Endlich gelang es mir, den Maikäfer zum Weiterflug zu bewegen. »Wie kann man nur so herumtrödeln! Der Tag dauert nicht ewig, und wenn wir von der Nacht überrascht werden, ohne die Mühle gefunden zu haben, stehen wir schön da!« schimpfte ich.

Nun gut, wir flogen also wieder. »Ich bitt' dich, mach ja keine Purzelbäume mehr!« beschwor ich den Maikäfer. Aber wie ich bald merkte, hatte er dazu jetzt keine Kraft mehr. Hatte zuviel gefressen! Mit einem überfüllten Bauch läßt es sich schwer Luftpurzelbäume schlagen. Wenn ich nur schon in der Mühle wäre! dachte ich.

Einmal machten wir noch eine Rastpause auf einem großen Stein, der auf einer Wiese lag. Die Häuser der Menschen standen dicht vor uns. Es war auch schon höchste Zeit; denn die Sonne begann im Westen zu versinken. Bald würde die Nacht hereinbrechen.

»Kann man die Mühle von hier aus schon sehen?« fragte ich den Maikäfer.

»Hm ... nein«, sagte er. »Muß weiter westlich liegen, die Mühle. Ja ja, dort, hinter den roten Dächern...«

»Komm, laß uns weiterfliegen«, sagte ich.

Nach kurzem Flug erreichten wir die Gebäude der Menschen. Für mich war das damals ein erhebender Anblick. Ich hatte sie mir sehr groß vorgestellt, aber daß sie so riesig sein würden, hätte ich nie im Leben vermutet. Ja, hier lag eine neue Welt vor mir. Eine unbekannte und aufregend fremdartige Welt. Was würde ich hier erleben? Unwillkürlich mußte ich an Fritz, Melonko denken. Ein schmerzliches Gefühl von Heimweh befiel mich. Wahrscheinlich saßen sie jetzt beim Abendessen. Ob sie an mich dachten?

»Na, wie gefällt dir das?« rief der Maikäfer durch das Flügelbrummen zu mir herab.

»Wunderschön!« rief ich zurück. Und das war es auch. Auf einem Dach saßen viele große Vögel. Das waren Tauben. Sie warteten anscheinend auf irgend etwas. Langsam flogen wir über sie hinweg. Und dann sah ich das erste Mal in meinem Leben einen Menschen. Er ging aufrecht auf nur zwei Beinen! In den anderen zwei hielt er ein Gefäß. Jetzt griff er hinein und streute etwas auf den Boden. Als die Tauben das sahen, flogen sie auf und flatterten in den Hof hinunter, wo sie begannen, die Dinger aufzupicken, die der Mensch ausgestreut hatte. Aha, Fütterung! dachte ich.

Ich konnte die vielen neuen Eindrücke kaum verkraften. Hinter jedem Gebäude war etwas anderes zu sehen. Ich bemerkte noch weitere Menschen und auch noch andere, große Tiere. Eines dieser Tiere sah sehr gefährlich aus. Es stand in einem Hof und stieß bellende Schreie aus, als wir darüberflogen. Eine neue Welt, jawohl, eine neue Welt ...

Der Maikäfer flog nun schnaufend einen Bogen. Nanu? Weshalb kehrte er denn um?

»Sind wir schon bald da?« rief ich hinauf. Ich bekam nur ein undeutliches Brummen als Antwort. Nachdem wir eine Weile in die entgegengesetzte Richtung geflogen waren, machte der Maikäfer erneut eine Richtungsänderung.

»Wo ist denn nun die Mühle?« brüllte ich gegen den Fahrtwind.

»Gleich, gleich, hinter dieser Scheune da!« war die Antwort. Der Maikäfer flog dicht am Scheunengiebel vorbei. Hier war also die Mühle!

Doch, was war das? Hinter der Scheune war weit und breit keine Mühle zu sehen. Ein großer Gemüsegarten lag da vor uns, sonst nichts. Dahinter begannen schon die Felder. Der Maikäfer flog jetzt noch langsamer, schlug dann einen Bogen und landete schließlich auf dem letzten Giebelziegel der Scheune.

»Was ist los?« fragte ich. »Sag bloß, du hast dich verirrt!«

»Keine Spur, keine Spur«, murmelte er beschwichtigend. Aber es klang nicht sehr überzeugend.

»Wo ist denn nun die Mühle?« fragte ich.

»Sie muß hier irgendwo sein«, sagte der Maikäfer schnaufend. »Ganz bestimmt! Hier in dieser Gegend. Ich weiß das doch, keine Sorge, ich kenn' mich hier aus wie in meiner eigenen Westentasche. Paß auf, ich mach' dir einen Vorschlag, Mehli! Das Fliegen hat mich doch sehr angestrengt. Ich brauche jetzt dringend eine Ruhepause. Das geht aber nicht, da es bald Nacht sein wird. Ich werde daher jetzt allein weiterfliegen und die Mühle suchen. Allein finde ich sie schneller. Hab' ich sie gefunden, komme ich gleich wieder zurück und hole dich ab. Einverstanden?«

Was sollte ich tun? Der Vorschlag gefiel mir zwar ganz und gar nicht, aber einen besseren hatte ich auch nicht anzubieten. Der Maikäfer flog also ab und ließ mich mit klopfendem Herzen auf dem Scheunengiebel zurück.

Gott aller Käfer, gib, daß der Maikäfer die Mühle findet und bald zurückkommt!

7. KAPITEL Baldur, der Schwärmer

Da hockte ich nun, mutterseelenallein in der fremden Welt, einsam und verlassen.

Die Zeit verging, und die Sonne sank. Sie sank immer mehr, und es wurde immer dunkler. Ein zartes Abendlüftchen strich mir über den Rückenschild; mich fröstelte.

Die Orangenkugel der Sonne war längst schon verschwunden, und die Dämmerung hatte der Nacht Platz gemacht, aber der Maikäfer war noch immer nicht zurück. Nur ruhig! machte ich mir selber Mut. Du wirst sehen, er kommt gleich. Gleich wird er kommen ...

Die Zeit verstrich weiter; wer nicht kam, war der Maikäfer. Schön langsam fühlte ich in mir Zorn aufsteigen. Dieser verfressene Fettsack von einem Maikäfer! Wahrscheinlich hatte er wieder einen Baum mit »leckeren« Blättern gefunden und schlug sich jetzt den Bauch voll, und ich saß hier wie bestellt und nicht abgeholt!

Ich war stinkwütend, aber der Zorn schlug bald darauf in Furcht um. Was ist, wenn er mich wirklich vergessen hatte? dachte ich. Oder wenn er mich nun auch nicht mehr fand? Was wird dann aus mir? Wie komme ich von hier weg? Am Ende kommt noch ein Vogel vorbei und pickt mich auf! Ich bin doch wirklich der einsamste, unglücklichste und verlassenste Mehlkäfer der Welt!

Doch halt! Selbstmitleid war hier fehl am Platz. Ich versuchte, meine Gefühle unter Kontrolle zu bringen, und zwang mich zu logischem Denken. Mit dem Maikäfer konnte ich nicht mehr rechnen. Es mußte einen Weg geben, ohne ihn von hier wegzukommen.

Fliegen konnte ich nicht, also war ich auf die Hilfe anderer angewiesen.

Die Scheune! Ich müßte irgendwie in das Innere der Scheune gelangen. Ganz bestimmt wohnten in ihr verschiedene Insekten, und die mußte ich um Rat und Hilfe bitten. Aber wie von hier wegkommen? Ich beugte mich über den Rand des Ziegels und schaute angestrengt in die Tiefe. Der Boden weit unten war nur undeutlich zu erkennen. Ob ich mich ganz einfach hinunterfallen lassen sollte? Vom Boden aus wäre es sicher leichter, in die Scheune zu gelangen. Mein Rückenpanzer war hart, das wußte ich. Möglicherweise würde ich den Sturz überstehen, ohne mir ernstlich weh zu tun. Andererseits wieder bestand dabei die Gefahr, daß ich auf die Bauchseite fallen könnte, wo der Panzer nicht so widerstandsfähig war und wo ich mir auch sämtliche Beine brechen könnte. Nein, das konnte ich nicht riskieren.

Als ich so die Scheunenmauer hinunterblickte, bemerkte ich plötzlich in einiger Entfernung von meinem Standort ein Loch in der Mauer. Das könnte die Rettung bedeuten! Durch dieses Loch könnte ich in die Scheune klettern. Die Mauer hatte einen Verputz. Wenn ich vorsichtig und konzentriert ans Werk ging, könnte ein Abstieg bis zu dem Loch gelingen. Ja, ich mußte es wagen!

Ich nahm meinen ganzen Mut zusammen und schob mich langsam über die Giebelkante. Ich tastete die Mauer nach Unebenheiten ab und hakte mich mit allen sechs

Beinen fest. Millimeter für Millimeter schob ich mich an der senkrechten Wand in die entsetzliche Tiefe. Freunde, nie werde ich die fürchterlichen Minuten auf dieser Steilwand vergessen! Ich hatte mich ungefähr drei Zentimeter von der oberen Giebelkante hinunterbewegt, als ich merkte, daß die Oberfläche der Mauer locker und porös wurde. Wo ich es auch versuchte, meine Beine fanden keinen Halt mehr, überall, wo ich mich festklammern wollte, rieselte der lockere Verputz in die Tiefe. Da klebte ich, zwischen Himmel und Erde, und konnte weder vor noch zurück. Sobald ich mich bewegte, begann der Sand zu rieseln. Das einzige, was ich noch tun konnte, war um Hilfe zu rufen. Voller Verzweiflung rief ich in die Nacht hinaus: »Hilfe! Hilfeeeee! Helft mir, ich stürze ab! Hilfeee!« In solchen Momenten denkt man nicht daran, ob man gehört wird oder nicht.

Und wißt ihr was? Ich hatte unwahrscheinliches Glück. Ein Glühwürmchen hörte meine Hilferufe und half mir aus meiner gefährlichen Lage.

»O je, o je, ein Mehlkäfer. Wie bist du denn hier heraufgekommen? Na, das werden wir gleich haben...«

Der Glühwurm faßte mich am Hinterleib und schob mich Stück für Stück die Mauer empor. Bald hatte ich wieder festen Grund unter den Beinen, und das letzte Stück schaffte ich aus eigener Kraft. Zitternd und keuchend saß ich kurz darauf wieder auf dem obersten Giebelziegel.

»Danke...«, flüsterte ich. »Danke, du bist in letzter Minute gekommen...«

Das Glühwürmchen leuchtete mir ins Gesicht. »Du bist doch ein Mehlkäfer, habe ich recht? Was um alles in der Welt suchst du hier auf dem Dach?«

Nun erzählte ich dem Glühwurm von meiner abenteuerlichen Reise mit dem Maikäfer. Ich erzählte ihm von Fritz und Melonko, von Babalubo, von den Ameisen, von unserem Maulbeerbaum, vom Ei mit den roten Streifen, von meiner Unfähigkeit zu fliegen und von meiner Sehnsucht nach der Mühle.

»Was willst du nun anfangen?« fragte mich das Glühwürmchen, als ich mit meiner Erzählung fertig war.

»Ich will wieder nach Hause!« rief ich. »Ich habe genug. Mir reicht's! Ich will so schnell wie möglich zu unserem Maulbeerbaum. Und nie, nie wieder werde ich ihn verlassen, wenn ich einmal wieder dort bin! Nie wieder!«

»Paß auf, ich werde dir helfen!« sagte das Glühwürmchen. »Ein paar Ecken weiter wohnt ein guter Freund von mir. Wenn ich ihn darum bitte, wird er dich sicher nach Hause fliegen. Der kann fliegen, sage ich dir! Zehnmal so schnell wie ein Maikäfer, wenn nicht noch schneller! Im Handumdrehen bist du wieder zu Hause, du wirst sehen!«

»Was für ein Tier ist denn dein Freund?« fragte ich, denn mir war kein Insekt bekannt, das so schnell fliegen konnte.

»Ein Vogel!« sagte das Glühwürmchen. »Ein Kauz. Er wird...«

»Ein Vogel?! Bist du verrückt?« rief ich. »Er würde mich fressen. Nein, nein, darauf lasse ich mich nicht ein!«

»Der nicht«, sagte der Glühwurm. »Du brauchst keine Angst zu haben. Der Kauz ist ein sehr, sehr guter Freund von mir. Und meine Freunde sind auch seine Freunde. Warte hier auf mich, ich bin gleich wieder da!« Damit flog das Glühwürmchen in den Nachthimmel auf.

Warte hier auf mich! Der hatte vielleicht Nerven. Wo

sollte ich denn hin? Mit gemischten Gefühlen wartete ich auf die kommenden Ereignisse.

Unten im Gemüsegarten zirpte eine Grille, sonst war es ruhig. Vom Maikäfer war weit und breit nichts zu bemerken. Es dauerte nicht lange, und ich sah das winzige Lichtchen des Glühwürmchens wieder zwischen den Scheunen auftauchen – allein.

»Der Kauz ist leider nicht zu Hause!« rief es schon von weitem. »Aber ich habe jemand anderen gefunden, der dich nach Hause bringen wird.«

Das Glühwürmchen setzte sich zu mir auf den Ziegel. »Wir müssen ein bißchen warten, er wird gleich kommen.«

»Wer?« fragte ich skeptisch.

»Baldur, der Schwärmer.«

»Schwärmer? Was ist das?« fragte ich.

»Du weißt nicht, was ein Schwärmer ist?« sagte das Glühwürmchen. »Man merkt, daß du nicht aus dieser Gegend kommst. Ein Schwärmer ist ein Schmetterling. Ein Nachtschmetterling. Der kann auch ganz toll fliegen. Er hat gerade ein Rendezvous, aber er wird gleich kommen.«

Und wirklich, es dauerte nicht lange und der große Nachtschmetterling landete auf dem Scheunengiebel. Das war vielleicht ein toller Bursche, sag' ich euch! Er sprühte nur so vor Charme und Liebenswürdigkeit. Alles an ihm war Samt und Pracht. Seine Stimme klang vibrierend und verführerisch, und jede seiner Bewegungen war voller Eleganz.

»Da bin ich, mein Freund Glühkäferchen, Bewahrer des kalten Lichts, Lampiönchen der Melancholie, Bruder der blinkenden Sterne, Balletteuse der Mitternacht ...«

Das Glühwürmchen leuchtete gleich um einige Grade heller, als es sich so angesprochen hörte. »Mein lieber Baldur«, sagte es zu dem Schmetterling, »mein Freund hier ist in Schwierigkeiten, und ich möchte dich bitten, ihn nach Hause zu fliegen.«

Ich hatte während dieses Gesprächs etwas abseits gestanden, so daß mich der Schmetterling erst jetzt bemerkte.

»Ja«, sagte ich, »ich möchte nach Hause und wäre dir sehr dankbar, wenn du mich mitnehmen könntest.«

»Oh, ich bin erstaunt!« rief der Schmetterling. »Welch überraschende Begegnung! Welch gelungene Überraschung! Ein Bewohner des Mehls, ein Herr der weißen Berge bittet mich um Beistand in Not. Ich bin gerührt ob der Ehre, Ihnen dienen zu dürfen ...« Damit machte der Nachtschwärmer eine tiefe Verbeugung vor mir. Was sagt man dazu? Mir fehlten die Worte.

»Nennen Sie mir Ihr Ziel, edler Freund«, fuhr der Schmetterling fort. »Nehmen Sie Platz auf meinem Rücken, ich trage Sie, wohin Sie wollen ... hinauf ins Firmament, die bläulich schimmernde Unendlichkeit, oder hinunter zu den ewig duftenden Wiesen der Sehnsucht – über die Wälder der dunklen Geheimnisse oder zu den silbernen Wassern, in denen der Mond allabendlich sein Bad nimmt ...«

»Mir genügt es, wenn du mich zu dem Maulbeerbaum am Rande des Tümpelsees bringst«, sagte ich lachend.

»Nun denn, wohlan, steig auf, diesen Maulbeerbaum kenne ich gut, schöne Gegend dort ...«

Ich verabschiedete mich herzlich von dem Glühwürmchen, dann erhob sich der Nachtschwärmer in den Himmel. In elegant schaukelndem Flug ließen wir die Behausungen der Menschen hinter uns zurück. Der Schmetterling flog bedeutend schneller und sicherer als der Maikäfer. Bald darauf befanden wir uns über dem freien Land. Ich genoß diesen Flug. Baldur hatte (Verzeihung: pflegte) einen vollkommen anderen Flugstil als der Maikäfer. Er schwang sich in weiten, tänzerischen Schleifen und Schwüngen durch die Luft. Das geschah mit einer hinreißenden Leichtigkeit und Anmut. Ja, zeitweilig glaubte ich, selbst Flügel zu haben und dicht über dem Schmetterling dahinzuschweben, so leicht fühlte ich mich. Vor kurzem noch hatte ich voller Angst dem Tod ins Auge geblickt, und jetzt schaukelte ich auf dem Gipfel des Vergnügens und der Lebenslust.

Während wir so dahinflogen, begann der Nachtschwärmer plötzlich im Rhythmus seiner Flügelschläge eine Art Gedicht oder Lied anzustimmen:

»Die Nacht beginnt, der dunkle Tag.
Die Bäume tuscheln leise.
Jetzt werden die Schmetterlinge wach
und machen sich auf die Reise.

Weit unten glänzt der Sternensee,
die Liebste wartet am Ufer.
Ihre Flügel sind so weiß wie Schnee,
ich werde sie flüsternd rufen:

Komm mit, komm mit zum Schwärmertanz,
zu den süßen, duftenden Gründen.
Dort werde ich dir aus Blütenstaub
einen Kranz auf dein Köpfchen binden.

Leuchte, Mond, uns're Sonne.
Wehe, Nachtwind, trage uns.
In Blütenduft, o welche Wonne,
schweben wir zum Blumengrund.«

Ich war während dieses Fluges wie verzaubert. Ach, könnte ich doch immer mit Baldur mitfliegen!

Es war tiefste Nacht, als mich der Nachtschwärmer auf dem untersten Ast des Maulbeerbaumes absetzte. »Ich danke dir, lieber Schmetterling!« sagte ich zum Abschied.

»Genieße den Sommer und grüße das Glühwürmchen von mir, wenn du es wieder triffst!«

»Adieu, Mehlkäfer ...« Der große Schmetterling machte ein, zwei spielerische Flügelbewegungen und war in der Dunkelheit verschwunden.

8. KAPITEL Ein großes Ereignis

Langsam ging ich den Ast in Richtung Stamm entlang. Fritz und Melonko würden staunen, wenn sie mich sehen würden. Ich ging zu unserem Schlafplatz auf dem waagrechten Ast und kroch leise unter die abstehende Rinde. Trotz der Dunkelheit sah ich sofort, daß der Schlafplatz leer war. Nanu? Wo waren denn Fritz und Melonko? Sollten sie während meiner Abwesenheit den Baum verlassen haben? Waren sie umgezogen? Oder hatten die Ameisen wieder einen Überfall gemacht? Ich war sehr besorgt. Aber jetzt, mitten in der Nacht, den Baum und die Umgebung abzusuchen, war ein Ding der Unmöglichkeit. Seufzend kroch ich in eine Ecke und versuchte einzuschlafen. Das gelang mir auch schnell, denn die aufregenden Ereignisse dieses Tages hatten mich doch sehr müde gemacht...

Die Morgensonne blinzelte durch die Ritzen der Rinde, als ich erwachte. Mein erster Gedanke galt Fritz und Melonko. Ich rappelte mich auf die Beine und begann, ohne an ein Frühstück zu denken, die Suche nach meinen Freunden. Zuerst wollte ich die Baumkrone absuchen und dann die Umgebung des Baumes. Ich stieg also den dicken Hauptast höher und rief so laut ich konnte: »Friiiiiiitz! Meloooonkooooo!«

Auf der Gabel des dritten Querastes stand plötzlich Fritz vor mir. »Psssst!« machte er und legte den Zeigefuß auf den Mund. »Leiser, schrei nicht so.«

»Was ist denn los?« flüsterte ich zurück. »Warum seid ihr hier heroben? Wo ist Melonko?«

Der Tausendfüßler zog mich etwas beiseite und führte mich ein Stück den Ast hinaus.

»Fritz, was ist los? So red doch schon!« flüsterte ich.

»So, hier kannst du normal reden«, sagte Fritz. »Du bist also schon wieder zurück. War's schön? Komm, laß dich umarmen, Mehli. Ich bin natürlich froh, daß du wieder da bist. Aber ich bin noch ganz wirr und durcheinander. Stell dir vor, was geschehen ist...«

»Ja, um Gottes willen, was ist denn passiert? Ist etwas mit Melonko?« rief ich.

»Aber nein, ganz was anderes...«

»Jetzt red nicht so lang um den heißen Brei, sondern sag mir auf der Stelle, was vorgefallen ist!«

»Das Ei ...«, sagte Fritz mit leuchtenden Augen. »Das Baby ist ausgeschlüpft!«

Das war es also! »Und, wie sieht es aus?« fragte ich.

»Wuuunderschööön!« sagte Fritz. »Wuuuuuuunderschön!«

Nun, ich war wirklich sehr neugierig auf das kleine Wesen und wollte es gleich anschauen gehen. Doch Fritz hielt mich zurück. »Du mußt ganz leise sein, Mehli!« sagte er. »Es schläft nämlich. Komm, ich zeig's dir. Aber, psst, leise ... auf Zehenspitzen!«

Wir schlichen also auf den Zehenspitzen zur Astgabelung zurück. Jetzt bemerkte ich auch die kleine Aushöh-

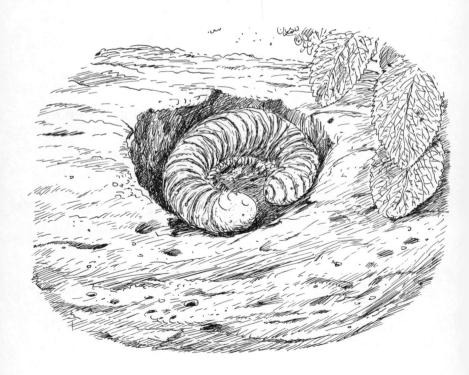

lung in der Rinde, und in dieser Höhle lag ein kleines, zusammengerolltes Etwas. Dieses Etwas war eine winzige Raupe. Sie hatte die Augen geschlossen und atmete leise. Die Raupe war nackt, das heißt, sie hatte weder Stacheln noch Borsten. Das Erstaunliche an ihr war jedoch die Färbung. Noch nie zuvor hatte ich eine Raupe mit solch einer prächtigen Färbung gesehen. Die vorherrschenden Farben waren gelb, blaugrün und ein schillerndes Blaßrosa. Diese drei Farben wechselten sich in regelmäßigen Ringen ab, die den kleinen Körper umspannten. Also: das Köpfchen war rosa, dann folgte ein grüner Streifen, dann ein gelber und dann wieder ein rosaroter. Gelb, grün, rosa, gelb, grün, rosa. In den grünen Streifen, in einer Linie auf dem Rücken, saßen noch leuchtende, purpurrote Punkte. Traumhaft schön! Die roten Punkte waren so intensiv, daß sie gewiß auch in der Nacht leuchteten. Das Gesichtchen der Raupe war so zart und herzig, daß man sie ganz einfach gernhaben mußte. Es ging gar nicht anders.

Fritz wurde schon eifersüchtig, nur weil ich die kleine Raupe so lange betrachtete. »Mehli, komm, es reicht ... Du hast so einen stechenden Blick, daß ich Angst habe, das Baby wird davon wach«, flüsterte er und zog mich weg.

Hat man so was schon gehört? Ich und einen stechenden Blick, das hatte mir noch niemand gesagt!

Wir setzten uns auf einen bequemen Platz auf dem Ast, und Fritz erzählte mir bis in die kleinste Einzelheit das Ausschlüpfen der kleinen Raupe. Gleich nach dem Ausschlüpfen hatte er sie an den höhergelegenen Platz des Baumes getragen, wo die Blätter leichter zu erreichen waren. Die Raupe sollte möglichst dicht bei den Blättern aufwachsen, die ja ihr tägliches Futter waren. Fritz hatte an alles gedacht. Er hatte auch gleich Melonko losgeschickt, damit sie besondere Leckerbissen auftreibe, die auf dem Maulbeerbaum nicht zu finden waren. Die Ameisen verstehen sich ja im allgemeinen besonders gut auf Ernährung. Dann erzählte ich Fritz meine wunderbaren und gefahrvollen Reiseerlebnisse.

»Schade, daß du nicht bis zu der Mühle gekommen bist«, sagte er, als ich geendet hatte. »Ich wäre selbst sehr neugierig gewesen, wie es sich dort leben läßt. Dieser Maikäfer ist wirklich ein sehr leichtsinniger Geselle ... läßt dich ganz einfach sitzen, so was. Weißt du, ich fürchte, er ist nicht ganz richtig im Kopf. Überhaupt, jetzt haben wir Juli – was hat ein Maikäfer im Juli verloren? Wer weiß, wo er jetzt steckt?«

»Na ja«, sagte ich, »dumm ist er nicht, er ist eben furchtbar leichtsinnig und unzuverlässig. Jedenfalls, sollte ich jemals wieder eine Flugreise machen, dann ganz bestimmt nicht mehr mit einem Maikäfer, soviel steht fest!«

Bald darauf kam Melonko den Ast heraufgeklettert. Sie freute sich sehr, daß ich wieder zurück war. In ihrem Maul trug sie ein zartes hellgrünes Blättchen, das für das Raupenbaby bestimmt war.

Später sah ich zu, wie Fritz und die Ameise das Raupenbaby fütterten. Die kleine Raupe hatte wirklich einen gesunden Appetit, und bald hatte sie das ganze Blatt aufgefressen. Gleich danach schlief sie wieder ein.

Ich wollte auch nicht untätig sein und begann wieder einen Gang in die Rinde des Maulbeerbaumes zu nagen. Ich hatte vor, mich bis zum Holz durchzufressen und dann eine geräumige Höhle auszunagen. In dieser Höhle hätten wir dann alle vier Platz und wären vor Schlechtwetter und bösartigen Tieren in Sicherheit.

Nun gut, da fraß ich also wieder Holzmehl, wie ich es gewohnt war. Würde ich jemals wieder richtiges Mehl speisen? Allmählich bezweifelte ich es.

Der Abend folgte auch diesem Tag, und als der Mond über dem Tümpelsee aufging, hatte ich eine schöne Mulde in die Rinde gefressen. Zufrieden mit meinem Tagwerk setzte ich mich zu Fritz auf einen bequemen Platz des Astes. Die Blätter des Maulbeerbaumes raschelten vertraut. Jeder hing seinen Gedanken nach.

Plötzlich ließ uns ein Geräusch zusammenzucken. Brrrrrrrrrr – plumps! machte es, und als wir in die Richtung schauten, aus der das Geräusch gekommen war, wen sahen wir da? – Den Maikäfer! Wahrhaftig, es war der Maikäfer! Er krabbelte den Ast entlang, bewegte seine Fühler hin und her und trug – wie immer – die reinste Glückseligkeit im breiten Gesicht. »Hallooo, hallooo! Da bin ich wieder!« rief er.

Ich hatte eine strenge Miene aufgesetzt, mußte aber lächeln, als ich ihn so sah. Nein, man konnte ihm nicht böse sein. »Jetzt kommst du daher!« sagte ich vorwurfsvoll. »Wo bist du gewesen, Maikäfer?«

»Ach, Mehli, ich geb's ja zu, ich bin ein Taugenichts, ein Dummkopf, ein Tolpatsch und ein Vielfraß. Ich bin an allem schuld, ich allein! Ich könnte mich ohrfeigen, ich könnte mir die Flügel ausraufen, ich ...«

Fritz mußte lachen. »Beruhige dich«, sagte ich. »Schau, es ist mir nichts passiert. Ich bin heil und gesund. Aber jetzt erzähl uns, wie es gekommen ist, daß du mich auf dem Scheunengiebel sitzengelassen hast!«

»Oh, es tut mir ja sooo leid, wirklich! Ich war mir absolut sicher, daß ich die Mühle finden würde. Ich flog also von Scheune zu Scheune, schaute überall hinein, aber keins der Gebäude war die Mühle. Ich hätte schwören können, daß ich in der richtigen Gegend war. Aber ich konnte und konnte diese Mühle nicht finden. Es war, als ob sie Beine bekommen hätte und ausgewandert wäre. Schließlich war ich so müde von der Herumfliegerei, daß ich auf einem Baum landete und eine Rastpause hielt. Ich wollte nicht eher zurückfliegen, bis ich die Mühle gefunden hatte. Eine ganz kleine, eine winzige Pause wollte ich nur machen. Ehrlich, nur eine klitzekleine Pause ... Aber dann, dann habe ich ein Blatt von dem Baum gekostet und konnte nicht mehr aufhören zu kosten. Ich habe gekostet und gekostet ... Nie wieder mach' ich das, nie wieder! Ach, lieber Mehli, was soll ich dir noch sagen, ich konnte nicht mehr aufhören zu kosten. Einen ganzen Zweig habe ich abgefressen ...«

»Hat's wenigstens geschmeckt?« fragte Fritz und lachte.

»Ja, lacht mich nur aus, ich hab's verdient ... Ich hab' Schlimmeres verdient, aber ich will mich bessern, ehrlich!«

»Und wie ging's dann weiter, als du dich vollgefressen hattest?« fragte ich und konnte nur mit Mühe das Lachen zurückhalten.

»Ich weiß nicht mehr genau ...«, sagte der Maikäfer. »Ich muß mich anscheinend derartig vollgefressen haben, daß ich daraufhin vor Erschöpfung eingeschlafen sein muß. Irgendwann bin ich dann munter geworden und hab' mich im ersten Moment gar nicht ausgekannt, wo ich bin. Wie komme ich hierher? habe ich mir gedacht. Der Magen hat mir wehgetan, weil er so voll war, und dann ist mir wieder alles eingefallen. Ich bin sofort mit Höchstgeschwindigkeit zu der Scheune zurückgeflogen, und da habe ich gesehen, daß du nicht mehr da warst. Ich war todunglücklich und verzweifelt, denn ich glaubte, ein wildes Tier habe dich verschleppt oder gar gefressen. Ja, und dann kam so ein Dings ... ein ... na, wie heißen die schnell ...«

»Glühwürmchen!« sagte ich.

»Ja, genau, ein Glühwürmchen ist dann gekommen, und das hat mir erzählt, daß dich der Nachtschwärmer nach Hause geflogen hat. Ein Stein ist mir vom Herzen gefallen, wie ich das gehört habe, das kannst du mir glauben. Ich wollte dann ebenfalls zurückfliegen, aber es ist nicht gegangen. Ich habe schreckliches Bauchweh bekommen. Den ganzen folgenden Tag konnte ich mich nicht von der Stelle rühren. Aber jetzt geht's mir schon wieder gut. Verzeihst du mir, lieber Mehli? Wenn du willst, fliege ich dich gleich morgen früh wieder zu den Häusern der Menschen. Du wirst sehen, diesmal finden wir die Mühle!«

»Nein, danke!« wehrte ich ab. »So schnell gehe ich von hier nicht mehr fort!«

Aber es sollte ganz anders kommen, wie ihr bald erfahren werdet. Der Maikäfer war sehr erleichtert, als ich ihm nicht grollte. Er war nun wieder in Hochstimmung und erzählte uns eine Geschichte nach der anderen. Man mußte ernstlich bezweifeln, daß er das alles erlebt hatte. Aber was soll's, seine Geschichten waren sehr amüsant und auch spannend, und wir ließen uns gerne von ihm unterhalten. Unter anderem erzählte er aus seiner Engerlingszeit; von dem Tag, an dem er das erste Mal als fertiger

Käfer das Licht der Welt erblickte (und beinahe von einer Fledermaus gefressen worden wäre), von einem Turmbauwerk der Menschen, in dem zwei brüllende, aber sonst harmlose Ungeheuer hausten, die Glocken hießen, und von einem gewissen Gorgo Hirschkäfer, dem König der Waldinsekten.

Eine dieser Geschichten ist mir besonders in Erinnerung geblieben. Ich will sie hier ungefähr wiedergeben. Diese Geschichte ist eigentlich mehr ein Märchen, eine Sage aus einer weit zurückliegenden Zeit, als es auf der Welt nur Insekten gegeben hat und sonst keine Lebewesen ...

Die Oberfläche der Erde war damals zum größten Teil mit Wasser bedeckt. Es gab nur zwei große Inseln. Die eine befand sich auf der nördlichen Hälfte der Weltkugel und die andere auf der südlichen. Auf der Insel im Norden lebten zwei verschiedene Käfervölker, und zwar die schwarzen Erdkäfer und die grünen Erdkäfer. Die südliche Insel war unbewohnt.

Die schwarzen Erdkäfer waren sehr kriegerisch und streitsüchtig, und die grünen Erdkäfer waren friedliebend und fleißig. Es verging kaum ein Tag, an dem die schwarzen Käfer nicht eine Siedlung der grünen überfielen. Die grünen Käfer wehrten sich zwar, so gut es ging, aber die Feinde richteten bei ihren Überfällen großen Schaden an.

Eines Tages bekamen die schwarzen Erdkäfer einen neuen König. Er hieß Hasso, und bald nach seinem Regierungsantritt stellte es sich heraus, daß er besonders grausam und machthungrig war. Dieser Hasso hatte nichts anderes im Sinn, als die grünen Erdkäfer vollständig zu unterjochen. Er sammelte die schwarzen Käfer zu einem riesigen Heer und zog zu den Wohnungen der grünen

Käfer. Ein Dorf nach dem anderen überfiel er. Die grünen Käfer hatten gegen diese große Übermacht keine Chance. Viele von ihnen wurden getötet, der Rest wurde gefangengenommen.

Die grünen Erdkäfer hatten auch einen König. Er war ein sehr junger, schöner Käfer und hieß Boris. Sein Schloß war ein großer Erdhügel in der Mitte der Insel.

Als König Boris vom Kriegszug der schwarzen Käfer erfuhr, rief er seine Getreuen zu sich in den Erdhügel, den er unter allen Umständen verteidigen wollte. Kurz darauf kamen die Horden der schwarzen Erdkäfer und begannen, den Hügel zu bestürmen. Aber die grünen Käfer wehrten sich tapfer, und da sie in ihrer Erdburg eine gute Verteidigungsstellung hatten, gelang es ihnen immer wieder, die Angreifer abzuwehren.

König Hasso tobte vor Wut. Das ganze Reich der grünen Käfer war bereits unter seiner Gewalt, nur diesen Erdhügel konnte er nicht bezwingen. Schließlich entschloß er sich zu einer neuen Taktik. Er ließ den Erdhügel umzingeln und begann eine Belagerung. Er wollte die grünen Käfer aushungern. König Boris und seine Getreuen beobachteten diese Vorgänge rund um ihre Erdburg mit großer Besorgnis; denn sie wußten, daß sie einer Belagerung nicht lange würden standhalten können. Sie waren abhängig von Grünfutter, und davon hatten sie ja kein einziges Blättchen in ihrer Festung. Ausbrechen konnten sie nicht; die Übermacht der Feinde war zu groß.

Die Tage vergingen, und in der Erdburg machte sich der Hunger breit. Boris überlegte angestrengt, wie er den Rest seines Volkes vor der Sklaverei retten könnte. Aber soviel er auch überlegte, ihm fiel keine Lösung ein. Nach zehn

Tagen waren die grünen Erdkäfer in ihrer Festung vor Hunger so schwach, daß sie kaum noch gehen konnten. Da entschloß sich König Boris, die Burg dem Feind zu übergeben. Große Niedergeschlagenheit und Verzweiflung herrschte nun unter den grünen Erdkäfern. Sie wurden alle von den schwarzen Käfern versklavt und mußten nun für sie arbeiten. Die schwarzen Käfer spielten die großen Herren, und die grünen waren nun ihre Diener und Arbeitssklaven. Wollte sich einer dagegen auflehnen, wurde er auf der Stelle totgebissen.

Boris, der König der grünen Käfer, wurde in die Verbannung geschickt. Und zwar wurde er auf die Spitze eines hohen, kahlen Baumes gebracht, wo er Tag und Nacht bewacht wurde. Da saß er nun in luftiger Höhe, einsam und unglücklich. Die schwarzen Erdkäfer und ihr grausamer König Hasso hatten viel Leid über sein Volk gebracht. Aber ganz hatte er die Hoffnung auf eine Erlösung noch nicht aufgegeben. Er grübelte und grübelte und grübelte.

Viele Tage waren schon vergangen, seit König Boris auf den Baum gebracht worden war. Für die grünen Käfer war eine schreckliche Zeit hereingebrochen. Sie mußten arbeiten und schuften, oft bis zum Umfallen. Die schwarzen Erdkäfer wurden immer fetter und unbarmherziger. Aber am grausamsten von allen war König Hasso. Nichts machte ihm mehr Spaß, als zuzusehen, wie ein grüner Erdkäfer gequält wurde. Eines Tages hatte er eine besonders teuflische Idee. Er ließ fünf gefangene grüne Erdkäfer zu dem kahlen Baum bringen, auf dem König Boris gefangen war. Eine Horde von schwarzen Käfern begleitete ihn. Beim Baum angekommen, ließ König Hasso die fünf gefangenen Käfer auf den Rücken drehen und von seinen Knechten auf dem Boden festhalten. Boris auf dem Baum konnte alles genau beobachten. Und das lag auch in der Absicht des schwarzen Königs. Er wollte die fünf grünen Käfer vor den Augen ihres Königs auf eine besondere Art quälen. Und zwar ist es das Schlimmste für einen Erdkäfer, wenn er auf der Bauchseite gekitzelt wird. Er muß dann so lachen, daß er nach einiger Zeit an Luftmangel stirbt. Genau das hatte der grausame König Hasso vor.

Als Boris das alles sah, wußte er sofort, was nun folgen würde. Ich muß ihnen helfen! dachte er. Ich muß sie befreien, koste es, was es wolle! Ja, aber wie? Der Baum war gut bewacht. Wie sollte er hinunterkommen? Schon hörte er fürchterliches Gelächter von unten heraufdringen. Die schwarzen Käfer hatten begonnen, seine Freunde zu kitzeln. Ich müßte fliegen können! dachte Boris. Ja, fliegen, fliegen, fliegen ... König Boris beugte sich weit über den Ast vor. Er war sich in diesem Moment selbst nicht ganz im klaren, was er tat. Später sagte er, eine innere Stimme habe ihm befohlen, in die Tiefe zu springen. Boris sprang also, und während er fiel, spürte er plötzlich ein Kribbeln auf seinem Rücken. Es knackte leise, und plötzlich teilte sich sein Rückenschild, und mit einem knallenden Laut sprangen zwei glasartige Flügel hervor. Die Flügel begannen zu surren – das Wunder war geschehen! Boris, der König der grünen Erdkäfer, konnte fliegen! Er stürzte sich sogleich in wilder Freude auf die schwarzen Käfer und zischte dicht über ihren Köpfen hinweg. Als die schwarzen Erdkäfer das sahen, ergriff sie eine große Furcht: Sie rannten davon.

Auch ihr König rannte, so schnell ihn seine Beine trugen. Boris befreite nun die fünf grünen Käfer, und als auch diese versuchten, ob sie fliegen könnten, da geschah das Wunder zum zweiten Mal! Auch die fünf Käfer bekamen Flügel und erhoben sich in die Luft. Sie flogen um die ganze Insel, und überall, wo sie hinkamen, wiederholte sich das Wunder. Alle grünen Käfer der Insel bekamen ein wunderhübsches Flügelpaar, und bereits nach wenigen Stunden surrte das ganze Volk der grünen Erdkäfer in einem riesigen Schwarm über der Insel. Die schwarzen Käfer waren von großer Furcht erfüllt und verkrochen sich in die tiefsten und finstersten Erdhöhlen, denn sie fürchteten die Rache der fliegenden Käferschar. Aber die grünen Käfer dachten gar nicht daran, sich zu rächen. Das stand weit unter ihrer Würde. Unter der Führung ihres guten Königs schlugen sie den Weg zu der südlichen Insel ein. Dort gründeten sie einen neuen Staat, und ein goldenes Zeitalter brach an ...

Diese Geschichte hatte mich tief beeindruckt. Ich war erstaunt, daß der lustige und scheinbar oberflächliche Maikäfer auch solche Geschichten zu erzählen wußte.

Vor dem Schlafengehen probierte ich es auch ... Jetzt wollt ihr sicher wissen, was ich probierte. Ich muß gestehen, ich geniere mich ein bißchen, es zu sagen ... Ach was, ich sag's! Ich probierte, ob auch mein Rückenschild aufspringen und ein Flügelpaar zum Vorschein kommen würde. Denn irgendwie ahnte ich, daß auch ich unter meinem Panzer Flügel haben mußte. Ich konzentrierte mich auf meinen Rückenpanzer, ganz fest konzentrierte ich mich ... aber leider, so sehr ich mich auch anstrengte, es rührte sich nichts. Lacht nicht! Versuchen kann man alles. Und wer weiß? Es hätte ja sein können ...

9. KAPITEL Schmatzimilian

Über die nun folgenden Tage gibt es nicht viel zu berichten. Das Wetter blieb schön, die Sonne überflutete tagsüber das Land, und die Nächte waren mild und warm.

Ich hatte meine Höhle fertiggestellt. Sie war sehr geräumig, und wir hatten alle vier ausreichend Platz darin – genau wie ich es mir vorgestellt hatte. Das Raupenbaby wuchs sehr rasch, man konnte beinahe zusehen, wie es immer größer und runder und auch schöner wurde. Melonko war nach wie vor unterwegs auf Futtersuche, und es war wirklich sehenswert, was sie alles an Leckerbissen daherschleppte. Fritz umhegte und verhätschelte die kleine Raupe und ließ sie wohl keine einzige Minute aus den Augen. Er versuchte, ihr auch das Sprechen beizubringen, aber alles, was er aus ihr herausbrachte, war ein feines Piepsen und Blubbern. Natürlich behauptete er, sie vollkommen zu verstehen. Nach einiger Zeit entdeckte die Raupe, daß die Blätter des Maulbeerbaumes eßbar waren. Unter der Aufsicht des Tausendfüßlers ging sie daran, ein Blatt eines zarten Zweiges abzunagen. Was soll ich sagen? Am Ende jenes Tages hatte sie den ganzen Zweig kahlgefressen. Fritz berichtete das voller Stolz. Am Tag darauf fraß sie sogar noch mehr.

»Ich wüßte einen Namen für dein Kind!« sagte ich.

»Einen Namen?« rief Fritz. »Daran habe ich noch gar nicht gedacht. Ja, du hast recht, es braucht einen Namen!«

»Weißt du was?« sagte ich. »Wir taufen die Raupe Schmatzimilian!«

Fritz war gleich einverstanden. Dieser Name war aber auch wirklich zutreffend!

Der Maikäfer kam immer seltener. Er hatte neue Gegenden und neue Bäume entdeckt und wollte sie richtig »auskosten«, wie er sich ausdrückte. Trotzdem hatte er mir versprochen, die Suche nach der Mühle nicht aufzugeben. »Du wirst sehen, Mehli«, sagte er, »eines Tages werde ich die Mühle gefunden haben, und dann komme ich und hole dich ab!«

Von den Ameisen sahen und hörten wir auch nichts mehr. Offensichtlich hatte es sich unter ihnen herumgesprochen, daß mit uns nicht gut Kirschen essen war. Und das war gut so, denn wenn sie uns jetzt angegriffen hätten, hätten wir nichts zu lachen gehabt. Und dann passierte eines Tages etwas, das uns in neue, aufregende Abenteuer führen sollte.

Ich war eben dabei, unsere Schlafhöhle zu vergrößern, als ich Fritz' aufgeregte Stimme hörte: »Mehli! Mehli! Komm rasch, ein Unglück! Ein Unglück!« Ich rannte gleich den Ast hinauf, wo Fritz immer Schmatzimilian fressen ließ. Fritz hielt Schmatzimilian in den Armen und sah ganz verzweifelt drein. Jetzt sah auch ich das Malheur. Die Raupe wand sich in Krämpfen und stöhnte und röchelte leise. Ihre schönen bunten Körperfarben hatten an Glanz verloren und einen Stich ins Grünliche bekommen. Schmatzimilian hatte große Schmerzen.

»Was ist passiert?« fragte ich.

»Sie muß etwas Giftiges gefressen haben!« sagte Fritz. »Such Melonko, Mehli! Hol mir sofort diese Ameise her. Ich glaube, sie hat Schmatzimilian was zu essen gegeben, das er nicht verträgt!«

Ich rannte den Ast zurück und suchte Melonko. Nach einiger Zeit fand ich die Ameise. Sie hatte sich in einem Riß in der Rinde verkrochen und sah mich ängstlich und schuldbewußt an.

»Hab keine Angst, Melonko«, sagte ich. »Schmatzimilian ist krank. Sag, hast du der Raupe irgend etwas zu fressen gegeben, das sie nicht vertragen hat?«

Melonko nickte bekümmert und holte dann eine kleine rote Beere hervor.

»Das hast du ihr gegeben?«

Die Ameise nickte wieder traurig. Dann biß sie ein Stück von der roten Beere ab und kaute genußvoll daran. Offenbar wollte sie mir damit zeigen, daß Ameisen diese Speise vorzüglich vertragen.

»Ja, ich verstehe«, sagte ich. »Mach dir keine Vorwürfe. Das konntest du ja nicht wissen, daß die Raupe so reagieren würde.«

Aber was sollten wir jetzt tun?

Zuerst einmal brachten wir die kranke Raupe in die Baumhöhle und betteten sie in weiches Holzmehl. »Sie hat Fieber, schau einmal!« sagte Fritz. »Sie wird sterben, meine kleine Raupe wird sterben ...«

»Fritz, wir müssen was unternehmen!« sagte ich entschlossen. »Und ich weiß auch schon, was! Und zwar müssen wir zu Babalubo gehen! Der Erdkäfer ist der einzige, der uns noch helfen kann. Er hat ganz gewiß ein Mittel, mit dem wir Schmatzimilian gesund machen können!«

»Ja, ja, gehen wir zu Babalubo!« sagte Fritz. »Komm, beeilen wir uns!«

»Warte!« sagte ich. »Ich muß Melonko noch Anweisungen geben, damit sie weiß, was sie tun soll, während wir weg sind.«

»Was? Die Ameise kommt mir nicht in die Nähe von meinem Baby!« rief Fritz. »Die ist an allem schuld!«

»Fritz, sei vernünftig!« sagte ich beschwichtigend. »Melonko hat es doch nur gut gemeint, als sie Schmatzimilian die rote Beere zu essen gegeben hat. Und irgendwer muß doch bei der Raupe bleiben, oder?«

Melonko versprach hoch und heilig, das kranke Raupenkind zu hüten wie ihre eigenen Netzaugen. Dann machten sich Fritz und ich auf den weiten Weg. Wir hatten beschlossen, diesmal auf dem Landweg zu Babalubos Erdhöhle zu marschieren. Wir wollten uns nicht in unnötige Gefahr begeben, indem wir einen abermaligen Zusammenstoß mit Bonko, dem Wasserkäfer, riskierten. Wir kletterten also den Stamm des Maulbeerbaumes hinab und befanden uns kurz darauf im dichten, aber schattigen Unkrauturwald. Fritz hatte ein Marschtempo eingeschlagen, bei dem ich einfach nicht mithalten konnte. Ja, hundertvierundvierzig Beine müßte man haben! Er befand sich immer eine Strecke vor mir und wartete dann ungeduldig, bis ich ihn eingeholt hatte. Ich konnte seine Sorge und Ungeduld verstehen. Das Leben seines geliebten Raupenkindes stand ja auf dem Spiel.

Von Zeit zu Zeit kletterte Fritz auf eine hohe Unkrautstaude, um sicherzustellen, daß wir die richtige Richtung beibehielten. Wir begegneten ein paar Grünzeugkäfern und zwei Marienkäferchen, die uns erstaunt nachschauten, als wir so durch den Wald hetzten. Daß es jemand *so* eilig haben konnte, war ihnen wohl vollkommen unverständlich.

Wir waren wohl schon über eine Stunde unterwegs, als ich Fritz um eine Rastpause bat. Ich war furchtbar müde, meine sechs Beine schmerzten; zudem hatte ich noch Seitenstechen bekommen. Wir hockten uns keuchend in den Schatten eines Steins und sammelten neue Kräfte. Die Landschaft begann sich hier zu verändern. Die Unkrautbäume wuchsen niedriger und standen nur noch vereinzelt. Der Landstrich, der nun vor uns lag, war mit vielen verschieden großen Steinen übersät. Ab jetzt würden wir schneller vorankommen, dafür würden wir aber der sengenden Sonne ausgesetzt sein. Gerade, als wir wieder weitermarschieren wollten, hörten wir aus einiger Entfernung rechts von uns ein sirrendes Geräusch. Das Sirren wurde schwächer und hörte plötzlich ganz auf, um gleich darauf wieder einzusetzen.

»Was ist das?« fragte ich.

»Keine Ahnung«, sagte Fritz. »Komm, wir müssen weiter.«

»Warte, ich will nachschauen!« Ich ging dem seltsamen Geräusch nach und hatte bald darauf seinen Urheber vor mir: Es war eine Libelle! Nun müßt ihr wissen, daß die Libellen gleich nach den Schmetterlingen die schönsten Insekten sind. Zumindest nach meinem Empfinden. Die Libelle, die ich nun sah, war in eine gefährliche Lage geraten. Sie hing nämlich in einem Spinnennetz, das zwischen zwei hohen Unkrautbäumen gespannt war. Eine Spinne war nicht zu sehen. Offensichtlich handelte es sich hierbei um ein altes, verlassenes Netz. Die großen, schönen Flügel der Libelle waren vollkommen mit Spinnenfäden verklebt, und wenn sie sich surrend bewegte, verstrickte sie sich nur noch mehr in die klebrigen Fäden.

Der schlanke Rumpf der Libelle war von blauer Farbe, und ihre riesigen Netzaugen schillerten grünlich. Nun hatte sie mich bemerkt. »Zu Hilfe! Bitte, geh nicht fort. Hilf mir heraus!«

Ich machte mich gleich an die Arbeit. Ich wußte, wie man mit einem Spinnennetz fertig wird! Man muß ganz einfach die Hauptfäden finden und abzwicken, dann fällt das ganze Netz in sich zusammen. Ich kletterte auf die eine Pflanze und biß einen Faden nach dem anderen durch.

Mittlerweile war auch Fritz angekommen. Er wollte schon ärgerlich werden, weil ich ihn so lange hatte warten lassen, aber als er die gefangene Libelle bemerkte, half er

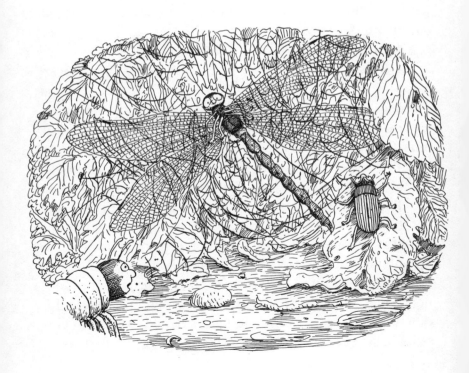

mit, sie zu befreien. Schließlich hatten wir das große Netz auf dem Boden liegen und begannen nun, Faden für Faden von der Libelle zu lösen.

Die Libelle war sehr dankbar, und während wir sie aus dem Spinnennetz wickelten, erzählte sie uns, wie sie da hineingeraten war. Sie hatte eine klangvolle Stimme und war uns von Anfang an sympathisch.

»Unachtsam war ich, das ist alles!« sagte sie. »Ja, der Tiefflug hat eben seine Tücken ... Dabei habe ich noch Glück gehabt, daß keine Spinne bei dem Netz war ... Übrigens, ich heiße Flirr. Ich war unterwegs zu einem Schnellflugwettbewerb. Hat mich doch tatsächlich so eine eitle Wespe zum Wettflug herausgefordert, bildet sich ein, sie könne schneller fliegen als ich, einfach lachhaft. – Und ihr, was treibt ihr so, wenn ich fragen darf? Wohnt ihr vielleicht in der Nähe?«

Nun erzählten wir Flirr von der kranken Raupe und daß wir zu Babalubo, dem weisen Erdkäfer unterwegs wären.

»Ja, den Erdkäfer kenne ich!« sagte Flirr. »Er wohnt am westlichen Ufer des Tümpelsees, stimmt's?«

»Ja, genau«, sagte Fritz. »Das ist er. Du könntest uns einen Gefallen tun. Flieg voraus und benachrichtige Babalubo, daß wir zu ihm unterwegs sind. Er soll alles vorbereiten und ein kräftiges Essen bereithalten, das werden wir nämlich dringend nötig haben, wenn wir bei ihm ankommen!«

»Ja, das mach' ich gern!« sagte Flirr.

Wir hatten die Libelle von den letzten Fäden befreit. Sie reckte sich, putzte sich die Netzaugen und schwirrte dann mit solch einer Geschwindigkeit ab, daß es uns den Atem verschlug. Eben noch hatte sie neben uns gesessen, im nächsten Augenblick war sie nur noch ein flimmerndes Pünktchen im weißblauen Himmel. Daß Libellen schnelle Flieger sind, hatte ich schon immer gewußt. Aber daß sie so schnell waren, hätte ich nicht für möglich gehalten.

Nun, Fritz und ich marschierten also weiter. Ich litt sehr unter der unbarmherzigen Sonne, und wir mußten etliche Rastpausen einlegen, bis wir endlich das westliche Ufer des Tümpelsees erreichten. Hundemüde trotteten wir das Ufer entlang. Drei Viertel der Strecke hatten wir geschafft. Jetzt mußten wir nur noch das Ufer so lange entlangwandern, bis wir zu Babalubos Höhleneingang kommen würden.

Hier am Wasser war bedeutend mehr Leben als im Landesinneren. Tausende von winzigen Mücken tanzten in Schwärmen über der Oberfläche des Wassers. Auch im Wasser selbst wimmelte es nur so von Mückenlarven. Kleine Kaulquappen wedelten kreuz und quer umher, Wasserwanzen stiegen aus der bernsteinfarbenen Tiefe an die Oberfläche und machten Jagd auf die Kaulquappen, und da und dort sahen wir eine zierliche Eintagsfliege zum nahen Schilfwald schweben.

10. KAPITEL Nepomuk, der Zwergmäuserich

Endlich kamen wir dann zu Babalubos Höhle. Ich war so müde und erschöpft, daß ich mich am liebsten vor dem Höhleneingang hingelegt hätte und eingeschlafen wäre. Fritz ging es nicht anders. Mühsam schleppten wir unsere bleischweren Körper die lehmige Böschung zu Babalubos Behausung hinauf. Der Erdkäfer kam uns entgegen, er hatte auf uns gewartet.

»Na, ihr beiden!« rief er lachend. »Was macht ihr denn für Gesichter? Seid ihr vielleicht müde?«

»Hallo, Babalubo«, sagte ich matt. Zu mehr war ich nicht fähig.

»Jetzt brauche ich eine deiner Wunderwurzeln!« sagte Fritz.

»Kommt nur, kommt nur, es steht alles bereit. Stärkt euch und dann erzählt mir alles genau. Flirr, die Libelle, hat euch bereits angekündigt. Folgt mir, meine lieben Freunde, ich bringe euch schon wieder auf die Beine, verlaßt euch drauf!« Der alte Erdkäfer führte uns durch das Gewirr seiner Gänge in seine gemütliche Wohnhöhle tief in der Erde. Ich genoß die angenehme Kühle der Erde und spürte, wie meine Kräfte zurückkehrten. Babalubos Wohnhöhle barg viele verschiedene Gerüche, die wohl aus den angrenzenden Lagerräumen hereindrangen. Eine freudige Erwartung hatte sich meiner bemächtigt. Ich konnte nur noch einen einzigen Gedanken denken. Dieser Gedanke hieß – Mehl!

Liebe Leser, ich glaube, nun ist es an der Zeit, daß ich

ein paar Bemerkungen über das Mehl einfüge. Ihr werdet euch vielleicht schon gedacht haben: Dieser Mehli mit seiner andauernden Mehl-Schwärmerei, der spinnt doch ein bißchen. Da erzählt er lang und breit, wie verfressen der Maikäfer ist, dabei hat er selber nichts anderes als Fressen im Kopf! Ich möchte auf keinen Fall, daß ihr so von mir denkt! Mehlessen ist für uns Mehlkäfer viel, viel mehr als ein bloßes Sich-den-Bauch-vollschlagen. Das Mehl darf nicht gierig und hastig gegessen werden. Man muß es langsam essen und darf nur gute Gedanken dabei denken, dann hat es die richtige Wirkung ... Ich sehe schon, ich habe mich da auf eine schwierige Erklärung eingelassen. Aber ich will trotzdem versuchen, euch zu schildern, was in einem Mehlkäfer vor sich geht, wenn er die köstlichste aller Speisen zu sich nimmt.

Der erste Bissen ist für den Geschmackssinn. Man muß ihn langsam kauen und auf der Zunge zergehen lassen. Dann muß man sich vorstellen, wie dieser Bissen Mehl ein Getreidekorn war, wie es in einer Ähre an einem langen Halm gewachsen ist und wie es die Sonne reif gemacht hat. Manche Mehlkäfer können bei diesem ersten Bissen herausschmecken, wie viele Gewitter dieses Getreidekorn erlebt hat, oder ob es zuviel oder zuwenig Sonne abbekommen hat.

Beim zweiten Bissen muß man sich ein schönes Erlebnis aus seiner Vergangenheit zurückrufen. Ist der zweite Bissen erst einmal im Magen, dann erlebt man dieses schöne Erlebnis im Geiste ein zweites Mal, so intensiv kann man sich erinnern!

Der dritte Bissen schmeckt nur, wenn jetzt in der Gegenwart alles in Ordnung ist. Das heißt, man darf mit niemandem verfeindet sein, und man darf niemanden in den letzten achtundvierzig Stunden belogen haben.

Der vierte Bissen aber ist für die Zukunft. Ist der vierte Bissen gut zerkaut im Magen gelandet, so muß man ganz stark an seine Zukunft denken. An die Pläne, die man vorhat, an die großartigen Dinge, die man im Leben tun möchte, an die gewaltigen und guten Taten, die man vollbringen möchte. Hat man das gemacht, so wird aus dem Magen ein wundervolles, starkes Gefühl aufsteigen und sich über den ganzen Körper ausbreiten. Man wird sich gut, mächtig und weise fühlen, und dann kann man richtig zu essen anfangen und soviel essen, bis man satt ist. Jeder weitere Bissen dient jetzt dazu, stark und weise zu bleiben und die schönen Zukunftspläne verwirklichen zu können.

Ja, so ist das mit dem Mehlessen.

Aber das alles sollte ich erst viel später erfahren. Jetzt, da ich mit Fritz in Babalubos Erdhöhle saß, wußte ich noch nichts über die Philosophie des Mehl-Essens. Ich konnte all diese Dinge nur ahnen, und ich war voller Erwartung, ob Babalubo mir wieder Mehl geben würde.

Fritz und ich saßen also müde und abgekämpft in der Wohnhöhle des Erdkäfers. Babalubo verschwand in seine Lagerräume und kam kurz darauf mit den Speisen zurück. Für Fritz eine lange weiße Wurzel und für mich – ein Häufchen Mehl! Mit Genuß begannen wir zu essen. Babalubo sah uns lächelnd zu.

Nachdem wir uns so gestärkt hatten, ging das Erzählen los. Fritz und ich berichteten abwechselnd, was wir alles erlebt hatten, seit wir mit dem Blattboot über den Tümpelsee gefahren waren. Wie Melonko das gelbe Ei mit den roten Streifen aus dem Ameisenhügel geklaut hatte, wie wir aus dem Baumstrunk geflüchtet waren, wie wir zum Maulbeerbaum kamen, wie uns die Ameisen auf dem Maulbeerbaum angegriffen hatten, wie ich mit dem Maikäfer zu den Häusern der Menschen geflogen und wie ich dann wieder zurückgekommen war, wie Schmatzimilian geboren wurde – ja, und zuletzt, wie Melonko Schmatzimilian die giftige Beere zu essen gegeben hatte.

Babalubo hatte uns aufmerksam zugehört (er war ein wundervoller Zuhörer) und stellte jetzt einige Fragen über Art und Aussehen der giftigen Beere. Aber mehr, als daß sie rot gewesen war, konnten wir ihm auch nicht berichten.

»Glaubst du, daß du ein wirksames Gegenmittel hast?« fragte Fritz hoffnungsvoll.

Babalubo wiegte bedächtig seinen mächtigen Kopf. »Ich weiß noch nicht ... mmm ... hm ... so sicher kann ich das noch nicht sagen ... Wißt ihr, als mich die Libelle von eurem Kommen verständigt und mir gesagt hat, daß es sich um eine Vergiftung handelte, da habe ich sofort an Nepomuk gedacht. Nepomuk ist ein Zwergmäuserich. Er wohnt auf dem Abfallplatz der Menschen, auf der anderen Seite des Tümpelsees. Er ist ein Spezialist für Vergiftungen aller Art. Er kennt sich sehr gut aus in der Insektenheilkunde, und er hat ganz bestimmt das richtige Mittel für euren Schmatzimilian. Ich habe auch gleich die Libelle zu ihm geschickt, mit der Bitte, so schnell wie möglich hierher zu kommen. Die Libelle wird ihm auch die Sache mit der roten Beere erzählen, und wie ich Nepomuk kenne, wird er bald mit der richtigen Medizin da sein.«

»Aber, wenn er auf der anderen Seite des Sees wohnt, wie kommt er dann über das Wasser?« fragte Fritz.

»Na, genauso wie ihr damals!« Babalubo lachte. »Nämlich mit einem Schiff! Oh, Nepomuk hat ein ganz tolles Schiff. Es ist sehr geräumig und vollkommen aus Eisen. Es ist eine Sardinenschachtel!«
»Eine Sardinenschachtel?« Fritz und ich sahen uns verdutzt an.
Babalubo lachte und erklärte uns dann, was eine Sardinenschachtel ist. »Nepomuk ist so etwas wie ein fahrender Arzt und Händler in einem. Er ist auch schon sehr viel in der Welt herumgekommen. ich habe den Mäuserich kennengelernt, als ich in den Häusern der Menschen lebte. Ja ja, wo sind die Zeiten...«
So blieb uns also nichts anderes übrig, als auf diesen Nepomuk zu warten.
Plaudernd saßen wir in der heimeligen Höhle, und Babalubo erzählte uns wunderbare Geschichten aus seinem bewegten Leben. Die Zeit verging wie im Flug, wir merkten es gar nicht. Es mochte ungefähr eine Stunde vergangen sein, als wir plötzlich eine weit entfernte Stimme hörten, die Babalubos Namen rief. »Babaluuuubooooo!« tönte es gespenstisch durch die lange Eingangshöhle.
»Ah, das wird Nepomuk sein!« sagte Babalubo. »Wartet, ich bin gleich wieder da. Ich muß ihn vom Eingang abholen, sonst verirrt er sich noch!« Babalubo kroch rasch davon und kam nach kurzer Zeit mit Nepomuk, dem Mäuserich, zurück. Ich war sehr überrascht über das Aussehen dieser Maus. Nepomuk war nicht viel größer als Babalubo. Ich hatte mir Mäuse viel größer vorgestellt, aber dann fiel mir ein, daß er ja der Gattung der Zwergmäuse angehörte. In dem pelzigen Kopf saßen zwei listig

blinkende Augen, ein weißer Schnurrbart hing von der spitzen Schnauze, und zwei riesengroße Ohren standen ihm vom Kopf ab, die irgendwie ausgefranst oder angenagt aussahen. Nein, schön war dieser Nepomuk wahrhaftig nicht! Wenn er sprach, wurden zwei gelbliche Schneidezähne sichtbar. Sie waren ihm beim Reden hinderlich, er stieß mit der Zunge an. Die »s« klangen wie »f«.

»Grüf euch! Ah, ein Mehlkäfer und ein Taufendfüffler!« rief er, als er Fritz und mich erblickte. Babalubo machte uns bekannt. Jetzt erst bemerkte ich, daß Nepomuks Fell vor Nässe glänzte.

»Nanu? Bist du etwa geschwommen?« fragte ich ihn.

»Ach nein«, sagte der Mäuserich. »Ein Gewitter hat mich überraft. Ef regnet draufen. Habt ihr daf gar nicht gewufft?«

O weh! Ein Gewitter! Gerade jetzt, wo wir es doch so eilig hatten. »Hast du die Medizin mitgebracht?« fragte Fritz.

»Hab' ich, hab' ich«, sagte Nepomuk. »Fie liegt im Eingang. Flirr hat mir von der kranken Raupe erzählt, ich weif allef! Meine Medizin ift genau daf Richtige, ihr werdet ef fehen. Aber jetzt gib mir waf zu effen, Babalubo, alter Knabe, fonft falle ich noch auf den Focken!« (Er meinte: Sonst falle ich noch aus den Socken. Damit ihr leichter versteht, was Nepomuk sagte, werde ich ab jetzt seine Äußerungen in normaler Schreibweise wiedergeben.)

»Ich bin mit der Sardinenschachtel gekommen, wißt ihr«, erklärte er uns und ließ sich in einer bequemen Ecke nieder. »Gerade auf den letzten zwei Metern vor dem Ufer hat mich das Gewitter überrascht. Brrrr, ist der Regen naß!«

Babalubo brachte Nepomuk ein Bündel Wurzelwerk, das dieser sofort hastig zu benagen begann. Dabei redete er ununterbrochen weiter. Fritz und ich bekamen nur die Hälfte von dem mit, was er sagte. Ich habe selten jemand mit solch einer schlampigen Ausdrucksweise kennengelernt. Fritz und ich entschuldigten uns bald darauf mit dem Vorwand, daß wir nachsehen wollten, ob das Gewitter schon vorbei sei.

Wir krochen den langen Gang hinaus.

Von weitem hörten wir schon das Rauschen und Plitschern des Regens. Im Eingangsloch lag die Medizin, die Nepomuk mitgebracht hatte. Das Ding war mindestens so lang wie Fritz und so dick wie Babalubo. Es war von blauer Farbe, mit roten Schriftzeichen bemalt. Eindeutig Menschenwerk! Respektvoll betrachteten wir den seltsamen Behälter. Da drinnen war also die rettende Medizin für Schmatzimilian.

»Sieht schwer aus«, sagte Fritz. »Das wird einige Mühe kosten, bis wir es auf den Maulbeerbaum geschafft haben!«

»Wenn es wenigstens zu regnen aufhörte!« sagte ich und schaute ins Freie. Das Ufer des Tümpelsees war nur undeutlich zu erkennen. Der Regen fiel dicht und in großen Tropfen. Entferntes Donnergrollen war zu hören. Links und rechts vom Höhleneingang rauschten zwei Bäche zum Strand hinunter. Wie gut, daß wir im Trockenen saßen! Trotzdem war unsere Stimmung ziemlich gedrückt. Wie es wohl Schmatzimilian jetzt ginge? Würden wir diesen riesigen Medizinbehälter jemals zum Maulbeerbaum schaffen können? Und wenn – würde Schmatzimilian noch am Leben sein? Und falls er noch am Leben war –

würde ihm die Medizin wirklich helfen? Lauter Fragen, auf die wir keine Antwort wußten.

»Komm, gehen wir wieder zurück«, sagte ich. »Es hat wenig Sinn, jetzt Trübsal zu blasen. Wir werden es schaffen, du wirst sehen. Und wenn alles vorbei ist und Schmatzimilian wieder gesund ist, werden wir darüber lachen!«

»Ich glaube, du hast recht«, sagte Fritz.

Wir krochen in die Höhle zurück und fanden Babalubo und Nepomuk in ein lebhaftes Gespräch vertieft vor. Sie unterhielten sich über alte Zeiten und gemeinsam erlebte Abenteuer. Babalubo hatte offensichtlich nicht die geringsten Schwierigkeiten, den Zwergmäuserich zu verstehen. Na ja, sie kannten sich ja auch schon lange.

Fritz und ich hörten halb wachend, halb dösend zu. Irgendwann waren wir dann eingeschlafen. Der anstrengende Marsch, das gute Essen und das schwer verständliche Palaver der beiden hatte uns eingeschläfert.

Ich erwachte, als mich Babalubo aus dem Traumland rüttelte. »Aufgewacht!« rief er lachend. »Das Unwetter ist vorbei! Nepomuk will euch erklären, wie ihr die Medizin anwenden müßt!«

Schlaftrunken schlug ich die Augen auf. Ah, dieses Schläfchen hatte gut getan. Fritz reckte und dehnte seinen zusammengerollten Körper.

»Gib ihnen ein Stück Morgenknolle!« sagte Nepomuk.

»Gute Idee«, sagte Babalubo und brachte aus seiner Speisekammer zwei Stücke von einer grünlichen Knolle. Morgenknolle – was ist denn das schon wieder? dachte ich. Aber als ich meine Portion gegessen hatte, fühlte ich mich augenblicklich frisch und belebt.

»Kommt, folgt mir!« rief Nepomuk und kroch in den

Gang in Richtung Ausgang. Draußen schien wieder die Sonne. Die lehmige Böschung war naß und glitschig, und auf den Unkrautbäumen glänzten dicke Wassertropfen.

Der Mäuserich hatte den Behälter mit der Medizin ins Freie geschoben und hielt uns nun einen Vortrag über die Anwendung der Medizin. Babalubo übersetzte zwischendurch die Ausdrücke, die wir nicht verstanden.

»Ihr müßt auf das Ende dieser Tube drücken – fest drücken –, dann kommt am anderen Ende die Salbe heraus. Vorher müßt ihr natürlich den Verschluß abschrauben...« (Babalubo übersetzte die Wörter: Tube, Salbe und abschrauben.)

Fritz und ich hörten aufmerksam zu.

»... Dann müßt ihr die Salbe auf den Körper der Raupe auftragen und fest und gleichmäßig einmassieren. Nicht sparen mit der Salbe! Der Körper der Raupe muß vollkommen mit der Salbe bedeckt sein. Das Ganze muß an einem schattigen Ort geschehen. Ist die Raupe eingeschmiert, so wird sie in einen tiefen Schlaf fallen – Heilschlaf sagen wir Fachleute dazu. Sie wird ungefähr einen Tag und eine Nacht durchschlafen. Ihr dürft sie während der Zeit auf keinen Fall wecken oder Lärm machen. Wenn euer Raupenkind dann aufwacht, wird es wieder gesund und quicklebendig sein. Es wird dann großen Appetit haben – gebt ihm frische grüne Blätter zu fressen ... Übrigens, die Salbe wirkt auch bei offenen Wunden.«

Na, das war ja ein richtiges Wundermittel! Jetzt kamen wir zur Frage des Transports. Wir mußten ja dieses große Ding irgendwie zum Maulbeerbaum schaffen. Der Weg hierher war ohne Gepäck schon beschwerlich genug gewesen ... Fritz schob seinen langen Körper unter die Tube, und der Mäuserich und ich wälzten sie vollends auf seinen Rücken. Fritz machte ein paar Schritte, dann ließ er sich stöhnend auf den Bauch sinken. »Zu schwer!« keuchte er. Nein, so ging es auf keinen Fall.

»Ich weiß, was wir machen!« sagte Nepomuk. »Wir werden etwas von der Salbe herausdrücken. Die volle Tube werdet ihr ohnehin nicht brauchen.« Der Mäuserich schraubte den Verschluß ab und drückte dann auf die Tube. Eine lange weiße Wurst quoll aus der Öffnung. Sie roch sehr würzig, eigentlich recht angenehm. Nepomuk verschloß die Tube, und als Fritz jetzt versuchte, ob er die Tube tragen konnte, ging es bedeutend leichter. Aber trotzdem – der Weg zum Maulbeerbaum war weit. Wir würden wahrscheinlich mehrere Tage brauchen, wenn wir die Medizin auf diese Art nach Hause schaffen wollten. Und bis dahin konnte es zu spät sein.

Nepomuk überlegte. »Wißt ihr was?« sagte er nach einer Weile. »Ich bringe euch mit meinem Schiff an das andere Ufer des Sees. Von dort aus habt ihr dann nicht mehr weit nach Hause!«

Bei dem Gedanken, wieder über das unheimliche Wasser zu fahren, stieg mir ein gruseliges Gefühl über den Rücken. Ich sah Fritz fragend an. Er zuckte mit den Schultern. »Ich glaube, es wird uns nichts anderes übrigbleiben«, sagte er zu mir.

»Hat der Mehlkäfer etwa Angst vor dem Wasser?« fragte Nepomuk. »Das muß er nicht, mein Boot ist absolut unsinkbar. Kommt, ich zeig's euch! Nehmt die Salbe mit, dann können wir gleich losfahren!«

Mit vereinten Kräften trugen wir die Tube die glitschige Böschung zum Strand hinunter. An einem Schilfhalm vertäut sahen wir dann Nepomuks Boot. Ja, das war ein Schiff! Bei seinem Anblick verlor ich gleich alle Bedenken. Es hatte hohe, eiserne Wände und sah wirklich sehr unsinkbar aus. Nepomuk zog die Sardinenschachtel halb auf den Strand, und wir wuchteten die Medizin an Bord. »Alles einsteigen!« rief der Zwergmäuserich und hüpfte in das eiserne Boot. Wir verabschiedeten uns herzlich von Babalubo und versprachen, ihn bald wieder zu besuchen. Dann bestiegen wir ebenfalls das schaukelnde Boot, und Nepomuk stieß es mit einer langen Schilfstange vom Ufer ab. Langsam glitten wir aufs offene Wasser hinaus. Babalubo winkte uns zu, und bald darauf hatten wir das westliche Ufer weit hinter uns gelassen.

Nepomuk benützte die Stange jetzt als Ruder. Er stimmte in seiner schwer verständlichen Sprache so etwas ähnliches wie ein Seemannslied an, das er grauenhaft unmelodisch über das Wasser schmetterte. Ja, seltsame Leute gibt es auf der Welt ...

11. KAPITEL Die Fahrt über den Tümpelsee

Fritz und ich saßen am Bug des Bootes und versuchten, die Fahrt zu genießen. Auch die Sonne würde mit ihrer heutigen Reise über den Himmel bald am Ende angelangt sein.

Wenn alles gut ging, würden wir mit Einbruch der Dämmerung das andere Ufer erreicht haben.

Ich hatte mich über den Rand des Bootes gebeugt und beobachtete die leise glucksende Bugwelle. Die flachen Strahlen der Sonne ließen die Oberfläche des Tümpelsees in einem glitzernden Licht erstrahlen. Kaulquappen und andere Wassertiere kreuzten dicht unter der Wasseroberfläche unseren Kurs, und ein ausgelassener Wasserläufer überholte und umkreiste uns. Er wollte anscheinend demonstrieren, daß er schneller sei als wir. Nach etwa halbstündiger Fahrt konnten wir das andere Ufer mit seinem Schilfwald deutlich erkennen.

»Wir sind dir sehr zu Dank verpflichtet!« sagte Fritz zu Nepomuk. »Was schulden wir dir eigentlich für die Medizin?«

»Och, laß nur«, sagte der Zwergmäuserich. »In Notfällen wie diesen helfe ich gern gratis. Ihr schuldet mir nichts, Käferfreunde. Ich wollte Babalubo ohnehin schon lange besuchen – war mir ein Vergnügen ...«

Das war sehr großzügig von Nepomuk. Er war sicher ein geschickter Geschäftsmann, aber er hatte auch ein goldenes Herz.

Das östliche Ufer kam immer näher. Vor uns tauchte jetzt eine kleine Insel auf. Doch nein – es war keine Insel! Als wir daran vorbeifuhren, sahen wir, daß es die Zuckermelone war, die vor vielen Tagen die Beute der Ameisen geworden war. Aber wie sah sie jetzt aus! Von ihrer verlockenden, honiggelben Farbe war nichts mehr zu

sehen. Die eine Hälfte war von den Ameisen abgefressen, und die andere Hälfte war komplett in Fäulnis übergegangen. Weich und modrig war die vormals schöne Frucht jetzt, und in einigen Tagen würde sie wahrscheinlich versunken sein. Unser Abenteuer mit den Ameisen bei unserer ersten Fahrt über den Tümpelsee fiel mir ein, und dann mußte ich unwillkürlich an Bonko, den wilden Wasserkäfer, denken. Aber in diesem vortrefflichen Eisenschiff waren wir vor solchen Gefahren in Sicherheit.

Wir hatten bald die Melone hinter uns gelassen und näherten uns jetzt dem Schilfwald, der das Ufer begrenzte. Nepomuk hatte wieder zu singen begonnen, und auch mir war zum Singen zumute. Der Hauptteil der Reise war nun bald geschafft. Bald würden wir wieder zu Hause sein. Fritz sah mich vergnügt an.

Plötzlich erschütterte ein Stoß das Boot. Ein kratzendes und scharrendes Geräusch war zu hören, dann stand das Sardinenboot still. Nepomuk hatte seinen Gesang abgebrochen. Besorgt und fragend sahen wir ihn an.

»Wir sind auf ein Hindernis aufgelaufen«, sagte er. »Das werden wir gleich haben, keine Angst.« Nepomuk stocherte die Schilfstange auf den Grund und schob mit seinem ganzen Gewicht an. Das Boot neigte sich bedenklich auf die Seite, aber es rührte sich nicht vom Fleck. Nepomuk versuchte es noch einige Male – vergebens. Wir saßen fest. Das Wasser war hier nicht besonders tief, da wir dem Ufer nicht mehr fern waren. Unser Boot hing anscheinend auf einem Stein oder Ast fest. Was sollten wir jetzt tun? Diese Situation war mehr als ärgerlich. So dicht vor dem Ziel mußte uns das passieren! Zur Not hätten wir ja schwimmend das Ufer erreichen können, obwohl mir davor graute. Aber wie sollten wir dann die kostbare Medizin an Land schaffen?

»Nur keine Panik!« sagte Nepomuk. »Laßt mich nachdenken, mir fällt gleich was ein ...«

Mir fällt gleich was ein – was konnte einem in solch einer Lage schon einfallen!

Ein Wasserläufer umkreiste lachend unser Boot. Ja, der hatte gut lachen. Kann auf dem Wasser laufen, ohne naß zu werden ...

Und da hatte ich plötzlich eine Idee! Fritz mußte im selben Moment die gleiche Idee bekommen haben, denn er richtete sich auf und rief den Wasserläufer an: »He! Du da! Komm einmal her!«

»Wer? Ich?« rief der Wasserläufer zurück.

»Ja, du!«

Das wanzenartige Tierchen lief behende auf unser Boot zu. »Was ist?« fragte der Wasserläufer und blieb unbeweglich auf der Wasseroberfläche stehen. Mit seinen vier dünnen Beinchen stand er auf dem Wasser, als wäre es festes Land. Wer's nicht gesehen hat, glaubt's nicht!

»Hör zu«, sagte Fritz. »Gibt's noch mehr von deiner Sorte in der Nähe?«

»Sicher«, sagte der Wasserläufer. »Ich habe 27 Brüder, 14 Schwestern, 35 Onkels, 36 Tanten und 416 Vettern und Kusinen und dann noch einen Papa und eine Mama.«

»Gut. Hol sie her«, sagte Fritz.

»Alle?« fragte der Wasserläufer.

»So viele du erreichst!« sagte Fritz lachend.

Der Wasserläufer fragte nicht nach Wieso und Warum, er drehte sich um und rannte wie ein Schlittschuhläufer davon.

»Willst du uns von den Wasserläufern an Land schieben lassen?« sagte Nepomuk. »Das wird nicht gehen, Freund Tausendfuß. Sie können zwar über Wasser laufen, aber das ist auch schon alles. Sie sind sehr leicht, haben kaum Gewicht, deswegen funktioniert das Wasserspazieren. Aber sie haben keine Kraft. Die können uns nicht helfen.«

»Abwarten«, sagte Fritz geheimnisvoll.

Es dauerte nicht lange, und der Wasserläufer kehrte mit sieben anderen Wasserläufern zurück. Sie begannen kichernd unser Boot zu umkreisen. Jetzt tauchten noch weitere Läufer aus der Richtung des Schilfs auf. Ich zählte mit: ... acht, neun, zehn ... fünfzehn ... siebzehn ... fünfundzwanzig..., dann mußte ich es aufgeben. Es waren einfach zu viele. Sie glitten auf ihren dünnen Beinen heran und reihten sich kichernd in den Kreis ihrer Verwandten ein. Wirklich ein sehenswertes Schauspiel. Aber warum lachten und kicherten sie andauernd? Offenbar fanden sie an allem und jedem Spaß, freuten sich, daß sie lebten, und betrachteten jeden als ihren Freund.

Fritz rief mit lauter Stimme in die kreisende Menge der Wasserläufer: »Hört einmal her! Wir brauchen eure Hilfe! Wir sitzen hier mit unserem Schiff fest. Kommt alle näher, ich erkläre euch, wie ihr uns helfen könnt!«

Als die Wasserläufer Fritz' laute Stimme hörten, blieben sie alle ruckartig stehen. Das Kichern verstummte, und dann glitten sie langsam und neugierig äugend näher. »Wer ist euer Anführer?« rief Fritz. Das Murmeln erstarb. Stille.

»Habt ihr keinen Anführer oder Häuptling oder so was?« fragte Fritz noch einmal.

Wieder keine Antwort. Unglaublich, sie hatten also

keinen Anführer und kamen damit offenbar gut zurecht.

»Na, ist ja egal«, sagte Fritz. »Was ich von euch möchte: Ich habe hier ein Ding in unserem Boot, das sehr wertvoll ist. Traut ihr euch zu, es ans Ufer zu tragen?«

»Ja, ja, natürlich!« riefen die Wasserläufer gleich begeistert.

»Fritz«, sagte ich, »Fritz, das kann ins Auge gehen. Was ist, wenn diese Wasserwanzen die Medizin unterwegs verlieren?«

»Ach was«, sagte Fritz, »man muß es ihnen nur genau erklären, was sie zu tun haben, das ist alles. Das verstehen sie schon. Oder hast du vielleicht eine bessere Idee?«

»Laß es sie versuchen!« sagte Nepomuk. »In solch einer Lage muß man eben was riskieren können!«

Also gut, ich war überstimmt. Mit gemischten Gefühlen sah ich dem nun folgenden entgegen.

»Stellt euch ganz dicht, Wanze neben Wanze, neben dem Boot auf!« erklärte Fritz.

Die Wasserläufer taten tatsächlich gleich, was Fritz ihnen gesagt hatte. Acht von ihnen drängten sich an die Bootswand. Ein Gewirr von Beinchen und Fühlern entstand, und das Gekicher ging wieder los.

»Enger!« rief Fritz. »Rückt noch näher zusammen! Ja, gut so. Jetzt müßt ihr euch vorstellen, ihr seid ein einziger, großer Wasserläufer. Bleibt so nahe beisammen wie jetzt und lauft ein Stück aufs Wasser hinaus, damit ich sehe, ob es funktioniert!«

Die acht Wasserläufer sahen jetzt in der Tat wie ein einziges Insekt auf zweiunddreißig Beinen aus. Langsam bewegte sich die seltsame Gruppe über das Wasser. »Beisammenbleiben!« rief Fritz.

Es funktionierte tatsächlich. Nepomuk lachte. »Mit dieser Nummer kannst du vor Publikum auftreten!« sagte er zu Fritz.

»Kommt bitte wieder zum Boot!« rief Fritz.

Die Wasserläufer glitten langsam zurück. Es machte ihnen sichtlich Spaß. Sie lachten, kicherten und plapperten lustig durcheinander. Ihre Freunde, die zugesehen hatten, versuchten das Kunststück jetzt ebenfalls. Sie fanden sich zu Gruppen von acht bis zehn zusammen und drängten sich nahe aneinander. Na, das war ein Theater!

»So, jetzt wird es ernst!« sagte Fritz. »Paßt auf, wir laden euch jetzt das Ding auf den Rücken. Ihr dürft es auf keinen Fall fallen lassen, hört ihr? Bringt es ans Ufer und legt es dort auf die Erde. Alles klar?«

»Jaaaaa, jaaaa!« ertönte es im Chor. Fritz und Nepomuk packten die Tube und hoben sie vorsichtig über den Bootsrand. Die acht Rücken der Wasserläufer bildeten eine schöne Plattform. Fritz und der Mäuserich legten die Tube darauf. Jetzt kam der gefährliche Moment! Würden sie die Last tragen können?

Ja, es ging! Die Beinchen sanken zwar eine Spur tiefer in die Wasseroberfläche, aber sie versanken nicht ganz. »Los geht's!« rief Fritz. »Eins-zwei-eins-zwei!«

Die acht Wasserläufer mit der Medizin auf dem Rücken entfernten sich zusehends vom Boot. Gespannt sahen wir zu. Bis zum Ufer waren es ungefähr drei Meter. Einen Meter hatten sie schon geschafft.

Sehr gut! Ausgezeichnet!

Und dann passierte es! Es geschah so urplötzlich, daß ich sekundenlang gar nicht mitbekam, was sich da vor meinen Augen abspielte. Fassungslos sah ich, wie die acht

Wasserläufer plötzlich in alle Richtungen davonstoben, wie das Wasser hoch aufspritzte und wie die Tube von den Fluten verschluckt wurde. Fritz und Nepomuk starrten ebenfalls wie gelähmt zur Unglücksstelle.

»Bonko!« rief ich voll Schreck. »Bonko, der Wasserkäfer!«

Noch ehe wir ein weiteres Wort sagen konnten, sahen wir dicht unter der Wasseroberfläche einen großen schwarzen Schatten auf unser Boot zuschießen. Festhalten! wollte ich noch rufen, aber ein fürchterlicher Stoß erschütterte das Sardinenboot und schleuderte uns an die rückwärtige Wand.

Nepomuk fing sich als erster von dem Schock. Er sprang auf die Beine, packte die Ruderstange und blickte drohend ins Wasser. Sein Schnurrbart zitterte vor Wut. »Komm nur! Komm her! Warte, dir werd' ich's geben!« schrie er mit schriller Stimme.

Und dann kam der zweite Stoß.

Nepomuk drosch mit der Schilfstange ins Wasser, dann wurde er von dem Stoß zu Boden geworfen. Das Sardinenboot schaukelte wild hin und her, gerade, daß es nicht kenterte. Bonko rammte uns noch ein drittes Mal, dann gab er auf. Das Blechboot war wohl doch zu hart für seinen Schädel. Auf dem Boden liegend warteten wir noch eine Weile, ob er wiederkommen würde, aber es blieb alles ruhig.

Vorsichtig blickten wir über den Bootsrand. Die freundlichen Wasserläufer hatten sich alle in Sicherheit gebracht. Ein Schwarm Mücken tanzte über der Stelle, an der die Tube versunken war. Nepomuk fluchte wie verrückt. Wir hatten es wieder einmal überstanden, aber die Medizin war verloren.

»He! Wir sind los!« rief Nepomuk plötzlich. »Merkt ihr es, wir schwimmen wieder!«

Tatsächlich! Bonko hatte uns, ohne es zu wollen, von dem Unterwasserhindernis befreit.

»Was tun wir jetzt?« fragte ich.

»Erst einmal an Land rudern«, sagte Nepomuk und stakte die Rohrstange auf den Grund. Als wir an der Stelle vorbeikamen, an der die Medizin verschwunden war, hielt der Mäuserich an. Wir beugten uns über den Bootsrand und schauten angestrengt ins Wasser. Aber wir konnten den Grund nicht sehen. Jetzt fiel uns auch auf, daß die

Abenddämmerung hereingebrochen war. Die Sonne war verschwunden, bald würde es Nacht sein.

Wir erreichten ohne weitere Zwischenfälle das Ufer. Nepomuk machte das Sardinenschiff an einem Schilfhalm fest, dann suchten wir uns einen geschützten Lagerplatz unter einer großblättrigen Pflanze und besprachen unsere fatale Lage. Wir standen alle noch unter den Nachwirkungen des Erlebten. Nepomuk war wütend und verwünschte den bösen Wasserkäfer in einem fort. Fritz wirkte sehr niedergeschlagen. Still sah er vor sich hin und nickte nur ab und zu mit dem Kopf. Wo war der abenteuerlustige, vor Unternehmungsgeist sprühende Fritz? Ich erkannte meinen alten Freund nicht wieder. Dumpf brütend und hoffnungslos starrte er ins Leere. Es war wirklich zum Heulen, sag' ich euch!

Schließlich kamen wir überein, die Nacht unter jenem großen Blatt zu verbringen. Am Morgen wollten wir dann weitersehen.

»Willst du nicht schlafen?« fragte ich Fritz besorgt. Der Tausendfüßler sah mich traurig an. »Ach, mein guter Mehli«, sagte er. »Ich kann jetzt nicht schlafen. Ich werde noch ein bißchen spazierengehen ...«

»Warte, ich komme mit!« rief ich.

12. KAPITEL Das Konzert

Langsam krochen wir zum Ufer hinunter. Der Mond war aufgegangen; es war eine schöne Nacht. Die Oberfläche des Tümpelsees war glatt wie ein schwarzer Spiegel. Vom nahen Schilfwald drangen glucksende Geräusche herüber. Schweigend spazierten wir am Ufer entlang. Plötzlich drang ein melodischer, kurzer Ruf an unser Ohr: »Guu!« tönte es aus dem Schilfwald. Und nach einer kleinen Pause noch einmal: »Guu, guu.«

»Eine Unke«, sagte Fritz leise. »Komm, gehen wir näher 'ran und hören ihr zu.« Wir gingen leise zum Schilfwald hinüber und suchten uns einen guten Platz. Das Ufer bildete hier eine stille Bucht, in der der Schilfwald wuchs. Halb im Wasser lag ein großer Stein. Wir erkletterten ihn und genossen die schöne Abendstimmung. Die Rufe der Unke klangen jetzt näher. Sie hockte anscheinend auf einem der Schlammfladen, irgendwo zwischen den Schilfhalmen. »Guu!« ertönte es wieder. Dieser Laut enthielt soviel an Wehmut und schöner Traurigkeit, daß es uns das Herz zusammenpreßte. Andächtig lauschend saßen wir auf dem warmen Stein und ließen unseren Gefühlen freien Lauf. Der Gesang der Unke paßte zu unserer gegenwärtigen Stimmung, und bei einem Seitenblick sah ich, daß Fritz Tränen in den Augen hatte. Plötzlich ertönte weiter links ein zweiter Ruf. Er war etwas höher in der Tonlage, und die einzelnen Laute klangen eine Spur länger als die der ersten Unke. Die beiden Unken begannen jetzt ihren Gesang aufeinander abzustimmen. Die mit der höheren Stimme gab einen langen Ton von sich, und die andere antwortete mit einem kurzen, dunkleren Ruf. Es war zum Steinerweichen.

Nachdem sie so eine Weile gesungen hatten, hörten wir ein leises Plätschern im Schilf, und kurz darauf erklang der Ruf einer dritten Unke. Sie paßte ihren Gesang den beiden anderen an, und gleich darauf drang aus den Tiefen des Schilfwaldes der Ruf einer vierten Unke herüber.

Tief bewegt lauschten wir dem schönen Konzert. Ein schüchternes Lüftchen bewegte die langen Schilfhalme, brachte die langen Blätter dazu, sich zu berühren, und erzeugte so ein silbriges Säuseln. Dieser neue zarte Ton überdeckte in wunderbarer Harmonie das Unkenlied, und nun konnte auch ich die Tränen nicht mehr halten.

Ihr dürft jetzt nicht glauben, daß dies Tränen des Schmerzes oder des Grams waren, die bitter sind und noch unglücklicher machen. Nein, ganz im Gegenteil! Die Seele eines Käfers kennt viele Arten von Gefühlsregungen, und die Tränen, die Fritz und mir jetzt über die Backen rannen, waren Tränen der Befreiung. Sie schmeckten süß und enthielten doch die Enttäuschung und Traurigkeit, die sich angesammelt hatte, seit die Medizin für Schmatzimilian im Wasser versunken war. Diese Tränen spülten unsere Mutlosigkeit fort, und ein starkes Gefühl der Hoffnung und Zuversicht begann in uns zu wachsen.

Ja, das alles kann ein Lied bewirken ...

Mittlerweile waren noch weitere, unzählbare Unken in das große Konzert eingestiegen, und eine ganz neue Stimme war hinzugekommen. Die gewaltige, kraftvolle Stimme eines Wasserfrosches! Sie war um vieles lauter als die der Unken, störte aber nicht im mindesten das Konzert, sondern gab ihm eine neue Dimension. Sie strömte Furchtlosigkeit und unbegrenztes Selbstvertrauen aus, sie war erfrischend und klar, trug Stolz und Lebensfreude in sich und wischte unsere Tränen fort.

»Wunderschön!« sagte Fritz und sah mich an. »Ja«, bestätigte ich und bemerkte mit Freude, daß alle Traurigkeit aus den Augen meines Freundes gewichen war. Wir hörten noch eine Weile dem Gesang der Schilfbewohner zu, der wahrscheinlich die ganze Nacht anhalten würde, dann beschlossen wir, schlafen zu gehen. Mit frohen Schritten gingen wir zu unserem Lagerplatz zurück. Nepomuk lag auf dem Bauch, halb unter einem dürren Zweig, und schnarchte hingebungsvoll. Ich suchte mir eine weiche Mulde, wühlte mich etwas in die Erde und war kurz darauf tief eingeschlafen.

Der neue Tag begann mit Sonnenschein und blauem Himmel. Ich kroch aus meiner Schlafmulde und sah, daß meine Freunde noch schliefen. Jetzt ist ein gutes Frühstück genau das, was ich brauche! dachte ich und krabbelte unter dem breiten Blatt ans Licht hervor. Ich wollte mir irgendeinen trockenen, würzigen Ast suchen, wie ich sie gestern am Strand liegen gesehen hatte. Als ich die flache Böschung zum Ufer des Sees hinunterging, bemerkte ich einen länglichen Gegenstand, halb im Wasser und halb im Ufersand liegend. Die Sonne schien mir ins Gesicht, deshalb konnte ich nicht sofort erkennen, was es war. Neugierig ging ich näher. Jetzt konnte ich die Farben Blau und Rot unterscheiden. Dieses Ding kam mir verdammt bekannt vor ... Wäre es möglich ... nein, das gab's doch nicht!

Fassungslos vor Freude und Überraschung stand ich vor der Tube mit der Medizin. War sie es oder war sie es nicht? Ich berührte die Tube mit dem Vorderfuß – es gab keinen Zweifel! Die versunkene Medizin lag hier am Strand, als warte sie nur darauf, von mir abgeholt zu werden. Unglaublich! Wie kam sie hierher? Ich ging um den Behälter herum und betastete ihn von allen Seiten. Konnte es möglich sein, daß eine Unterwasserströmung die Tube ans Ufer gespült hatte? Das war ziemlich unwahrscheinlich. Aber was war es dann gewesen?

Plötzlich schreckte mich eine kernige Stimme aus den Gedanken. »Gefällt dir das Ding, Käfer?«

Ich drehte mich erschrocken um und sah einen großen, starken Wasserfrosch, der unhörbar herangeschwommen war. Seine Augen glänzten golden und schwarz, und sein Rücken hatte eine schöne, regelmäßige Zeichnung in verschiedenen Grüntönen.

Ich mußte lachen. »Ob es mir gefällt, fragst du?« sagte ich. »Und wie es mir gefällt! Du ahnst gar nicht, wie sehr mir dieses Ding gefällt! Ich finde es unbeschreiblich schön, wahnsinnig toll! Irrsinnig wunderbar!«

»Na, jetzt übertreibst du aber«, sagte der Frosch lächelnd. »Aber wenn du es so schön findest, schenke ich's dir. Ich habe es nämlich heute morgen auf dem Grund des Tümpels gefunden und hier aufs Ufer gelegt, damit ich es bei Sonnenlicht betrachten kann. Aber leider, ich habe keine Verwendung dafür. Es hat zwar schöne Farben, aber mehr dürfte nicht dran sein ...«

Als der Frosch das sagte, mußte ich laut lachen. Ja, ich wälzte mich vor Lachen im Sand. Der Frosch muß mich für einen Verrückten gehalten haben, aber dann erklärte ich

ihm, was es mit der blauen Tube auf sich hatte. Ich erzählte dem Wasserfrosch die ganze Geschichte, so wie ihr sie kennt.

Der Frosch hörte sehr interessiert zu, und als ich zu der Stelle kam, wo Bonko, der böse Wasserkäfer, unser Boot angegriffen hatte, runzelte er ärgerlich die Stirn. »Immer wieder dieser Bonko!« sagte der Frosch. »Es wird Zeit, daß wir Frösche ihm eine Abreibung verpassen. In letzter Zeit gab es viele Beschwerden über ihn. Er stört andauernd den Frieden des Teiches. Leider ist ihm schwer beizukommen, denn er kennt die besten Verstecke unter Wasser.«

»Habt ihr keine Angst vor ihm?« fragte ich.

»Angst?« sagte der Frosch. »Was ist das?« Dann lachte er. »Ein echter Frosch kennt keine Angst. Wir sind vorsichtig, das ja. Aber Angst kennen wir nicht. Und was diesen Bonko betrifft – wenn ich ihn das nächste Mal treffe, werde ich ihm beibringen, was Angst ist, verlaß dich drauf, Käfer!«

»Ja, das ist gut, gib's ihm nur!« sagte ich. »Übrigens, warst du das, der heute nacht so schön gesungen hat?«

»Oh, du hast zugehört?« sagte der Frosch und wurde gleich eine Spur grüner. »Ja, das war ich. Es freut mich wirklich sehr, daß es dir gefallen hat!«

Ich bedankte mich noch sehr bei ihm für die unbeabsichtigte Hilfe, dann wünschte er mir alles Gute für die Heimreise und schoß pfeilschnell unter Wasser davon.

Nun hatten wir also die kostbare Medizin wieder. Ich konnte es noch immer kaum glauben. Na, das würde eine Überraschung für Fritz werden! Ich schleppte die Tube die Böschung hinauf und legte sie vor unserem Lagerplatz zu Boden. Dann weckte ich Fritz und Nepomuk. Was soll ich noch sagen? Fritz fiel beinahe in Ohnmacht vor Freude, als er die blaue Tube sah. Ich erzählte den beiden von meiner Begegnung mit dem Wasserfrosch und wie es dazu gekommen war, daß die Medizin wieder in unseren Händen war. Kurzum, wir waren in großartiger Stimmung an diesem Morgen. Nach dem Frühstück beschlossen wir, so schnell wie möglich nach Hause zu wandern.

Wir nahmen Abschied von Nepomuk, auf den andere, wichtige Geschäfte warteten, wie er sagte, und schlugen den Weg zum Maulbeerbaum ein. In die Freude über die wiedergefundene Medizintube mischte sich auch Sorge.

Fast zwei Tage waren wir nun schon von zu Hause fort. Zwei lange Tage, und Schmatzimilian lag schwer krank in der Höhle. Hoffentlich kamen wir nicht zu spät!

Ein weiter Kamillenwald lag noch zwischen uns und dem Maulbeerbaum. Den mußten wir so schnell wie möglich durchwandern, dann würden wir endlich wieder daheim sein. Fritz und ich wechselten uns beim Tragen der Tube ab. Sie drückte schwer auf die Schultern, aber wir achteten nicht darauf. So hetzten wir keuchend dahin.

Die Kamillenpflanzen standen stellenweise sehr dicht und bereiteten uns zusätzliche Mühe. Einer von uns ging immer voraus und räumte die Hindernisse aus dem Weg, während der andere mit der Medizin auf dem Rücken folgte. Nach ungefähr einer Stunde anstrengenden Marsches machten wir die erste Ruhepause. Der Hauptteil der Strecke war geschafft. Fritz sah mich aufmunternd an. »Durchhalten, Mehli«, sagte er. »Wir sind bald da.«

»Ja ...«, sagte ich schwer atmend.

Nachdem wir uns einigermaßen erholt hatten, brachen wir wieder auf. Nun trug ich die Medizin, und Fritz ging voran. Plötzlich blieb der Tausendfüßler stehen. Er duckte sich in die Blätter und bedeutete mir, stehenzubleiben und leise zu sein.

»Was ist?« flüsterte ich und legte die Tube sachte auf den Boden.

»Da vorne ist ein Trupp Ameisen!« flüsterte Fritz zurück. Ich lugte vorsichtig durch das Gestrüpp. Richtig, ungefähr einen Meter vor uns, auf einer Lichtung, marschierten fünf rote Ameisen im Ameisenmarsch vorbei. Sie durchquerten die Lichtung und waren kurz darauf im Wald verschwunden.

»Was suchen die schon wieder in dieser Gegend?« flüsterte ich.

»Komm, laß uns schnell nach Hause gehen!« sagte Fritz. »Es sieht fast so aus, als ob dies ein Spähtrupp war. Ich fürchte, diese verflixten Ameisen führen wieder Böses im Schild. Komm, beeil dich! Soll ich jetzt die Tube wieder tragen?«

»Nein, es geht schon. Das letzte Stück schaffe ich auch noch!«

Fritz lud mir die Medizin auf den schmerzenden Rükken.

Nach einer halben Stunde voll Mühsal und Beschwernis hatten wir endlich den Maulbeerbaum erreicht. Stöhnend warf ich die Tube ab.

Doch nun standen wir vor einem neuen Problem. Der schwere Behälter mußte ja irgendwie den senkrechten Baumstamm hinaufgeschafft werden. Dieser Tag wird mir ewig in Erinnerung bleiben. Ich war wirklich am Ende meiner Kräfte. Fritz ging es nicht anders. Wir waren noch viel müder und erschöpfter als am Vortag, als wir bei Babalubo angekommen waren. Aber schließlich bewältigten wir auch dieses letzte Hindernis. Und zwar folgendermaßen: Wir schraubten den Verschluß der Tube ab und drückten den ganzen Inhalt heraus. Dann teilten wir die lange Salbenwurst in kleine Teile, klebten uns die stark riechende Masse auf den Rücken und kletterten den Baumstamm hinauf. Mit klopfendem Herzen näherten wir uns unserer Behausung. Würde Schmatzimilian noch am Leben sein?

Da vorne war auch schon der kleine Höhleneingang. Jede Müdigkeit war von uns wie durch Zauberei abgefallen. »Wir sind daaa! Wir sind wieder da-a-aaa!« rief Fritz und stürmte auf den Eingang zu.

Melonkos Kopf tauchte darin auf.

»Hallo, Melonko!« rief Fritz. »Wie geht's Schmatzimilian? Lebt er noch?«

Melonko nickte eifrig mit dem Kopf und lachte dabei. Dann legte sie einen Vorderfuß an den Mund. Aha, Schmatzimilian schlief also. Gott sei Dank, unsere Reise war nicht umsonst gewesen!

13. KAPITEL Schmatzimilians rätselhaftes Verschwinden

Wir krochen alle in die Wohnhöhle, und da lag die Raupe, im Holzmehl tief eingebettet. Sie hatte die Augen geschlossen. Fritz sah sie liebevoll an. Dann begannen wir unverzüglich mit der Behandlung. Fritz drehte vorsichtig den schlafenden Schmatzimilian auf den Bauch und begann, die mitgebrachte Salbe auf dem Rücken der Raupe zu verteilen. Wir bestrichen ihren ganzen Körper mit der Salbe, genau wie es uns Nepomuk erklärt hatte. Dann massierten wir die leicht klebrige Masse ein. Wir machten dies so behutsam und zärtlich, daß die Raupe nicht einmal wach wurde. Als wir fertig waren, verließen wir leise die Höhle und reinigten unsere Beine von den Resten der Salbe.

Melonko war natürlich sehr neugierig, und Fritz

erzählte ihr unsere Abenteuer. Es war schön, wieder zu Hause zu sein. Ich war hundemüde, aber das zählte jetzt nicht mehr. Ein tiefes Gefühl von Zufriedenheit und Geborgenheit erfüllte mich. Ich setzte mich auf einen bequemen Platz auf dem großen Ast, schloß halb die Augen und lauschte auf das leise Rauschen der Blätter. Wieder daheim! Was für ein schönes Wort. Daheim, zu Hause, mit meinen Freunden beisammen. Nach überstandenen Gefahren wieder an dem Ort, der mir der liebste auf der Welt geworden war. Ach, wie köstlich war diese Ruhe, und wie glücklich war ich in diesem Moment. Wir hatten es tatsächlich geschafft.

Mit halbem Ohr hörte ich zu, wie Fritz der Ameise unsere Erlebnisse schilderte. Er übertrieb dabei mächtig, stellte mich als großen Helden hin und beschrieb in bombastischen Worten den Kampf mit dem bösen Wasserkäfer.

Ich mußte lächeln. Guter alter Fritz!

In dieser Nacht schlief ich tief und fest und traumlos. Als ich aufwachte, fand ich mich allein in der Baumhöhle. Ich fühlte mich frisch und ausgeruht und war bester Laune. Als ich ins Freie kroch, kam mir Melonko entgegen. »Guten Morgen, Melonko«, begrüßte ich sie. »Wie schaut's aus? Wie geht es Schmatzimilian?«

Die Ameise bedeutete mir, daß alles in Ordnung sei, und gab mir dann zu verstehen, daß Fritz mich sehen wollte.

Ich lief sofort bis zum Astende. »Hallo, Mehli!« rief Fritz, als er mich sah. »Schau dir das an! Schmatzimilian ist wieder munter! Die Medizin hat genauso gewirkt, wie Nepomuk es vorausgesagt hat.«

Schmatzimilian saß auf einem Ästchen und fraß schmatzend ein Blatt nach dem anderen. Seine Körperfarben hatten wieder ihren alten Glanz und ihre Leuchtkraft bekommen. Er fühlte sich sehr wohl, das konnte man deutlich sehen.

An diesem und den darauffolgenden Tagen entwickelte die Raupe einen Appetit, der schon unheimlich war. Sie fraß und fraß und fraß. Die Blätterkrone unseres Maulbeerbaumes hatte da und dort beachtliche Lücken bekommen – Schmatzimilians Werk! Sprechen konnte er noch immer nicht. Alle Versuche, es ihm beizubringen, schlugen kläglich fehl. Es war köstlich anzusehen und anzuhören, wenn Fritz der Raupe ein paar Wörter beibringen wollte. »Schmatzimilian, sag: Blätter guuuuut. Feines Happi-Happi!« Aber Schmatzimilian guckte nur unschuldig aus seinen himmelblauen Augen und sagte kein Wort. Er machte nur den Mund auf, um Blätter anzunagen. Trotz all dem war es ein Vergnügen, Schmatzimilian zuzusehen und ihn in unserer Mitte zu haben. Ja, wir alle hatten einen Narren an der süßen Raupe gefressen.

Nun müßt ihr aber wissen, daß Schmatzimilian keineswegs so klein blieb, wie wir ihn kennengelernt hatten. O nein! Schmatzimilian wuchs und wuchs. Wir registrierten das mit Erstaunen und Belustigung. Je mehr er fraß, desto dicker und runder wurde er. Schließlich mußte ich sogar unsere Schlafhöhle vergrößern, sonst hätten wir keinen Platz mehr gehabt.

Nach einer Woche war Schmatzimilian dreimal so lang wie Fritz geworden und mindestens doppelt so dick wie Babalubo! Ich war gespannt, wo das noch hinführen würde.

Zwischendurch gab es auch wieder eine kleine Begegnung mit unseren »Freunden«, den Ameisen. Sie hatten sich wieder in die Nähe unseres Baumes gewagt, aber irgend etwas hielt sie davon ab, den Baum zu besteigen. Wir rätselten lange herum, warum sie es nicht wagten, bis wir dann daraufkamen, daß am Fuße des Stammes ja immer noch die Reste der Salbe herumlagen. Offenbar schreckte sie das ab. Na, uns konnte es recht sein.

So vergingen zwei, drei Wochen. Das Wetter blieb schön, Schmatzimilian wurde immer dicker, Melonko schleppte nach wie vor Leckerbissen auf den Baum, Fritz war mit Schmatzimilian beschäftigt, und ich – ich lag meistens auf der faulen Haut und genoß die friedlichen Tage. Manchmal spürte ich auch so etwas wie Langeweile, und in solchen Momenten kam wieder die alte Sehnsucht nach der Mühle hoch. Der Maikäfer ließ sich aber nicht mehr blicken. Das war schade; denn ich vermißte seine wunderbaren Geschichten.

Kurz und gut, es ging uns allen prächtig, und ich hatte nichts dagegen, wenn dieser Zustand den Rest des Sommers andauern würde.

Doch nichts dauert ewig, und eines Tages war es auch mit unserer »Familienidylle« zu Ende.

Fritz rüttelte mich eines Morgens unsanft aus dem Schlaf. »Mehli! Wach auf, Mehli!« schrie er aufgeregt.

»Was ist denn los?« fragte ich und schlug schlaftrunken die Augen auf. Als ich Fritz' Gesichtsausdruck bemerkte, war ich sofort hellwach.

»Schmatzimilian ist verschwunden!« rief Fritz. »Er ist weg! Mein Gott, hoffentlich ist ihm nichts passiert!«

Ich sprang sofort auf die Beine, als ich das hörte. »Was

heißt, er ist weg?« sagte ich. »Er kann doch nicht so einfach verschwinden. Hast du schon in der Baumkrone weiter oben nachgesehen?«

»Ja, hab' ich. Nichts. Er ist nicht da. Schmatzimilian ist nicht auf dem Baum. Ich habe nahezu jeden Ast und jeden Zweig abgesucht – er ist weg!«

»Vielleicht ist er heruntergefallen, komm, sehen wir nach.«

In Windeseile kletterten wir den Baumstamm hinunter und begannen, den Boden unter dem Baum abzusuchen. Melonko war schon unten und half uns bei der Suche. Zentimeter für Zentimeter suchten wir den Boden unter dem Baum ab. Wir dehnten unsere Suche auch auf den nahen Kamillenwald aus, ja, wir wühlten sogar stellenweise den Boden auf, aber es war vergebens. Kein Schmatzimilian weit und breit. Nun nahmen wir uns wieder den Baum vor. Auf jeden Ast, jedes Ästchen und Zweiglein krochen wir, drehten nahezu jedes Blatt um, aber soviel wir auch suchten, Schmatzimilian blieb unauffindbar. Als es Abend wurde, waren wir der Verzweiflung nahe. Wir konnten und wollten es noch immer nicht glauben, daß Schmatzimilian für immer weg sein sollte. Fritz hatte es besonders arg getroffen. Er wollte die Suche nicht abbrechen.

Der Mond war bereits aufgegangen, und der Tausendfüßler kletterte noch immer in der Baumkrone herum und rief verzweifelt den Namen seines geliebten Raupenkindes. Auch ich war sehr traurig. Was war mit Schmatzimilian wirklich passiert? Hatte ihn vielleicht ein Vogel gefressen?

Mich schauderte bei diesem Gedanken.

Schließlich kletterte ich zu Fritz hinauf. »Fritz, es hat keinen Sinn, jetzt in der Nacht noch weiterzusuchen«, sagte ich. »Komm, mach's nicht schlimmer, als es schon ist. Gehen wir schlafen. Vielleicht kommt Schmatzimilian im Laufe der Nacht zurück! Komm, mein Freund, überschlafen wir die Angelegenheit. Morgen sieht alles ganz anders aus, glaub mir.«

Es gelang mir nicht, Fritz zu beruhigen. Und, ehrlich gesagt, ich hatte selbst kaum Hoffnung, daß Schmatzimilian zurückkehren würde. Fritz und Melonko saßen die ganze Nacht über wachend vor dem Eingang der Höhle und warteten auf Schmatzimilians Rückkehr. Es war eine lange Nacht. Auch ich machte kein Auge zu. Kurz vor dem Morgengrauen fiel ich dann in einen unruhigen Schlummer, der von schrecklichen Träumen begleitet war.

Als ich aufwachte, fühlte ich mich müde und zerschlagen. Aus den oberen Ästen des Baumes hörte ich Fritz' Stimme: »Schmatzimiliaaaan!« rief er. »Schmatzimiiiiliaaan!« Armer Fritz ...

Wir suchten an diesem Tag ein zweites und ein drittes Mal die Baumkrone ab und nahmen uns auch noch einmal das Gelände im Umkreis des Maulbeerbaumes vor. Aber Schmatzimilian tauchte nicht mehr auf. Als auch dieser traurige Tag zu Ende ging, saßen Fritz, Melonko und ich auf dem Ast vor unserer Höhle und starrten trübsinnig ins Leere. Wir sprachen kein Wort. Was hätten hier auch Worte für einen Sinn gehabt? Fritz sah sehr schlecht aus. Ihn hatten die vergangenen zwei Tage am stärksten mitgenommen. Es schmerzte mich, meinen Freund so zu sehen und ihm nicht helfen zu können.

Irgendwie verging auch diese Nacht.

Fritz saß den ganzen Vormittag unbeweglich und grübelnd auf dem Ast vor der Höhle. Er war wie versteinert. Er rührte sich nicht, er aß nicht und er antwortete nicht, wenn ich ihn ansprach.

Melonko wich während der ganzen Zeit nicht von seiner Seite.

Irgendwann am Nachmittag dann hob er plötzlich ruckartig seinen Kopf und sah mich an. Nie werde ich diesen Blick vergessen!

»Mehli...«, sagte er langsam und mit trauriger Stimme. »Ich werde euch jetzt verlassen...«

»Fritz! Um Himmels willen, mach jetzt keinen Unsinn!« rief ich. »Wo willst du denn hin?«

»Mach dir um mich keine Sorgen«, sagte Fritz. »Ich habe einen Entschluß gefaßt, versuch bitte nicht, mich aufzuhalten. Ich muß es tun...«

»Aber Fritz...«, sagte ich und spürte, wie mir ein dicker Kloß in der Kehle saß.

»Ich werde jetzt das tun, was Generationen von Tausendfüßlern vor mir getan haben: Ich werde mir einen Stein suchen... Einen großen, schweren Stein, unter dem es finster ist und still...«

»Fritz...«, sagte ich. Ach, es war zum Heulen.

»Leb wohl, Mehli!« sagte Fritz leise und legte mir kurz seine vordersten Beine um die Schultern. »Leb wohl...« Dann wandte er sich ab und kletterte schnell den Baumstamm hinunter.

Melonko folgte ihm.

Liebe Freunde, ich hatte keine Kraft, den Tausendfüßler zurückzuhalten. Ich saß ganz einfach da und war unfähig, etwas zu tun. Lange saß ich so... Ein Gefühl der

Müdigkeit hatte meinen Körper und meine Gedanken unbeweglich gemacht. Nun waren alle fort ... weg! Was hatte das Leben jetzt noch für einen Sinn?

Die Nacht brach herein, ein leichter Wind war aufgekommen und rauschte in den Blättern des Maulbeerbaumes. Wolkenfetzen liefen über den Himmel, und ich war allein, schrecklich allein.

II. TEIL
In den Häusern der Menschen

14. KAPITEL Flirr, die Libelle

An die nächsten Tage kann ich mich nur schwer erinnern. Ich weiß nur soviel, daß ich irgendwann wieder einen Gang in das Holz des Baumes zu nagen begonnen habe. Ich tat dies wohl rein unbewußt, um irgend etwas zu tun; denn sonst wäre ich wahrscheinlich vor Traurigkeit umgekommen. Ich sah keinen Sinn in meiner Tätigkeit, aber sie half mir schließlich doch, meiner lebensgefährlichen Stimmung Herr zu werden. Ich nagte und nagte und versuchte, alles zu vergessen.

Die Zeit verging, und die Umgebung um mich begann wieder Farbe zu gewinnen. Ich arbeitete mich richtig aus meinen finsteren Gefühlsregionen heraus und begann langsam, wieder Mut zu schöpfen und Pläne zu machen. Vor allem wollte auch ich diesen Ort verlassen. Das Leben geht weiter, auch wenn man Schreckliches oder Trauriges erlebt hat. Die äußere Welt verändert sich ja nicht. Sie bleibt immer schön, auch wenn sie vorübergehend durch den dicken Schleier trostloser Gedanken grau und häßlich aussieht. Langsam fand ich wieder zu mir zurück, fand mein inneres Gleichgewicht wieder. Alte Vorstellungen vom Glücklichsein traten wieder in den Vordergrund, und am hartnäckigsten davon war die Idee, in einer Mühle unter anderen Mehlkäfern zu leben. Ja, ich wollte wieder zu der Mühle meiner Träume! Dringender als zuvor spürte ich diesen Wunsch, und tags darauf ertappte ich mich immer wieder, wie ich sehnsüchtig in den Himmel schaute, darauf hoffend, daß der Maikäfer auftauchen möge. Ich hatte seine Stimme noch deutlich im Ohr, als er sagte: »Du wirst sehen, Mehli, eines Tages werde ich die Mühle gefunden haben, und dann komme ich und hole dich ab!« Aber so sehr ich auch darauf wartete, der Maikäfer ließ sich nicht blicken.

Aber jemand anderer tauchte auf!

Es ist eine seltsame Sache mit den Wünschen. Manchmal kommt es genau umgekehrt, als du es dir vorgestellt hast, und manchmal gehen Wünsche im Handumdrehen in Erfüllung. Vielleicht in etwas anderer Form, aber doch mit dem gewünschten Ergebnis.

Eines Tages, als ich gerade auf dem Ast saß und zum Tümpelsee hinüberschaute, hörte ich plötzlich ein silbernes Flirren, wie es von großen, glasartigen Flügeln verursacht wird. Und im nächsten Augenblick landete Flirr, die Libelle, neben mir.

»Ich will auf der Stelle umfallen, wenn das nicht Mehli ist, mein Lebensretter!« sagte die Libelle.

»Flirr!« rief ich. »Bist du es wirklich?«

Wir begrüßten uns herzlich, und dann ging das Erzählen los.

»Wo ist denn dein Freund, der Tausendfüßler?« fragte Flirr.

Nun erzählte ich die ganze traurige Geschichte. Ich durchlebte alle Abenteuer und Erlebnisse ein zweites Mal und redete mir alles von der Seele. Als ich geendet hatte, fühlte ich mich sehr erleichtert.

»Und was willst du jetzt machen?« fragte Flirr.

»Flirr«, sagte ich, »du bist gerade zur richtigen Zeit gekommen. Ich möchte, daß du mich von hier fortbringst.« Dann erzählte ich der Libelle von der Mühle und meinem gescheiterten Versuch, mit dem Maikäfer zu ihr zu gelangen. »Könntest du mich zu der Mühle fliegen?« schloß ich.

Flirr lachte. Es tat wohl, jemanden so lachen zu hören. »Selbstverständlich!« rief die Libelle. »Nichts leichter als das! Ich weiß zwar auch nicht genau, wo diese Mühle sich befindet, aber ich bin ein schneller Flieger – der schnellste, um es in aller Bescheidenheit zu sagen –, und ich werde diese Mühle mit Leichtigkeit finden, das ist wirklich kein Problem.«

Bei dem Gedanken, wieder zu fliegen, schlug mein Herz gleich um einige Takte schneller. Eine nervöse Freude hatte sich meiner bemächtigt. Ja, ich wollte von hier weg. Je schneller, desto besser.

»Willst du auf meinem Rücken reiten, oder soll ich dich zwischen meine Beine nehmen?« fragte Flirr.

»Ich glaube, es ist besser, wenn ich mich auf deinen Rücken setze«, sagte ich.

»Wie du willst«, sagte Flirr. »Hopp, steig auf, Mehli!«

Ich kletterte auf die breiten Schultern der Libelle und klammerte mich mit allen meinen Beinen fest.

»Rück noch ein bißchen vor«, sagte Flirr, »damit ich die Flügel frei bewegen kann, weißt du.«

Ich setzte mich zurecht, und dann ging es los. Flirr schwirrte ab, daß mir Hören und Sehen verging! Er stieg gleich in eine atemberaubende Höhe auf. In weniger als einer Minute hatten wir den Maulbeerbaum weit unter uns gelassen. Ganz winzig und unbedeutend sah er von dieser Höhe aus. Auch der Tümpelsee war zusammengeschrumpft und war jetzt nicht mehr als eine kleine, glänzende Pfütze in der grünen Landschaft.

Flirr war wirklich ein hervorragender Flieger. Seine vier langen Flügel vibrierten gleichmäßig, und sein schlanker Leib durchschnitt wie ein Pfeil die Luft. Der Maikäfer war eine lahme Ente gegen Flirr gewesen. Das bekannte Glücksgefühl durchströmte mich wieder wie jedesmal, wenn ich flog. Nach wenigen Minuten war der Tümpelsee mit dem Maulbeerbaum weit hinter uns verschwunden.

»Paß auf, Mehli«, sagte Flirr, »ich flieg' zuerst noch zu meinen Freunden, den anderen Libellen, und stell' dich ihnen vor. Zu den Häusern der Menschen kommen wir immer noch. Es ist nur ein kurzer Abstecher. Sie sind übrigens an einem anderen See zu Hause. Du wirst staunen, wie groß er ist! Das ist nämlich ein richtiger See und kein kleiner Tümpel, wie du ihn kennst!«

»Ja, flieg nur!« sagte ich. Ich war in großartiger Stimmung und hatte unbegrenztes Vertrauen in Flirrs Flugkünste. Mit solch einem »Flugzeug« konnte einem nichts passieren. Ich ritt ja auf dem König der Lüfte! Soll er mich hintragen, wohin er will!

Als wir eine Weile so in rasender Fahrt dahingeflogen waren, sah ich vor uns, weit unten, eine große, im Sonnenlicht gleißende Wasserfläche auftauchen. »Das ist der See!« rief Flirr und ging in einem flachen Winkel tiefer. Ja, das war wirklich ein See! Er war mindestens hundertmal so groß wie unser Tümpel, ohne Übertreibung! Seine Ufer waren von einem breiten Schilfgürtel umgeben, in dem wahrscheinlich die Libellen daheim waren.

Als wir nicht mehr weit vom Schilfwald entfernt waren, sah ich plötzlich einen glitzernden Punkt, der sich uns rasch näherte. Es war eine andere Libelle. Als sie Flirr bemerkte, schlug sie einen Lufthaken, schloß auf und flog dicht an Flirr heran.

»Hallo, Rikki!« rief Flirr. »Was gibt's Neues am großen Teich?«

»Flirr, du bist es!« sagte die andere Libelle. »Ich hab' dich im ersten Moment gar nicht erkannt. Wen hast du denn da auf deinem Rücken sitzen?«

Flirr lachte. »Das ist ein Mehlkäfer! Er will die weite Welt sehen, da habe ich ihn mitgenommen.«

»Angenehm, Herr Mehlkäfer!« rief Rikki herüber. »Na, wie fühlt man sich so in der Luft?«

»Großartig!« antwortete ich, »ganz phantastisch!«

Rikki staunte. »Ein Mehlkäfer, der auf einer Libelle

reitet – das habe ich noch nie gesehen. Flirr, du bist einmalig! Übrigens: gut, daß ich dich treffe! Stell dir vor, eine Abordnung der Hornissen war heute vormittag bei uns in der Rohrbucht! Sie haben uns zu einem Schnellflugwettbewerb herausgefordert. Machst du mit, Flirr?«

»Ein Schnellflugwettbewerb?« rief Flirr begeistert. »Und ob ich da mitmache! Wann soll denn die Sache stattfinden?«

»Jetzt, in einer Stunde. Ah, da sind wir ja schon!«

Die beiden Libellen hatten die Ausläufer des Schilfwaldes erreicht und flogen jetzt dicht über den schwankenden Halmen dahin. Nach kurzem Flug riß der Schilfwald auf, und das spiegelglatte Wasser einer Bucht lag vor uns. Das

mußte die Rohrbucht sein, von der Rikki gesprochen hatte. Im warmen, seichten Wasser der Bucht stand ein abgestorbener Baum, der seine kahlen Äste in den Himmel streckte. Hier war offenbar der Haupttreffpunkt der Libellen; denn Rikki und Flirr flogen nun etwas langsamer darauf zu und landeten auf einem Ast des dürren Baumes. Und jetzt bemerkte ich auch die anderen Libellen! Es waren sehr viele. Mindestens zwanzig. Sie saßen auf den Ästen des Baumes verteilt und flogen sofort zu unserem Ast herunter, als sie uns sahen.

»Mehli, steig ab«, sagte Flirr. »Hier bleiben wir eine Weile.«

Die Libellen hatten uns umringt und begrüßten Flirr mit liebenswürdigen Scherzen. Bald war ich der Mittelpunkt der allgemeinen Aufmerksamkeit, und Flirr ließ es sich nicht nehmen, seine Befreiung aus dem Spinnennetz ausführlich zu schildern.

»Bravo, Mehlkäfer!« riefen die Libellen, als sie die Geschichte hörten. »Der Mehlkäfer soll leben! Bringt ihm was zu essen! Willst du auf mir reiten, Mehlkäfer?« So riefen sie durcheinander. Ich wurde direkt verlegen wegen der großen Zuneigung, die mir von allen Seiten entgegenschlug. Ich war aber auch sehr stolz, plötzlich so viele prächtige Freunde gewonnen zu haben. Und wahrhaft prächtig waren sie auch anzusehen. Einer war schöner und edler als der andere. Die glasartigen Flügel der Libellen schimmerten und glitzerten im Sonnenlicht, und wenn sie sprachen, bewegten sie die Flügel auf anmutige Weise. Ihre langen, schlanken, aristokratischen Hinterleiber waren wunderschön gefärbt. Ich sah blaue, grüne und rötliche Libellen, und jede war auf ihre Art einzigartig.

Das, was sie sagten, war ehrlich, offen und klar. Freilich verstanden sie sich auch auf ironische Scherze und Wortgefechte, die äußerst geistreich waren. Kurzum, es war ein Vergnügen besonderer Art, in ihrer Gesellschaft sein zu dürfen.

»Also, wie ist das mit dem Schnellflugwettbewerb?« sagte Flirr.

Eine große blaue Libelle klärte ihn auf: »Fünf Hornissen kamen heute vormittag angeschwirrt, setzten sich, ohne uns um Erlaubnis zu fragen, auf unseren Baum und begannen uns anzustänkern. Es waren riesige Kerle. Ich habe nie zuvor so große Hornissen gesehen. Anscheinend haben sie sich erst vor kurzem in dieser Gegend angesiedelt. Flirr, ich sage dir, soviel Arroganz und Eitelkeit auf einem Fleck hast du noch nicht erlebt! Zugegeben, sie sehen nicht übel aus und sind gewiß auch vorzügliche Flieger, aber ihr Charakter ist unterm Hund. Behauptet die eine doch tatsächlich, es mit jedem Insekt im Wettflug aufnehmen zu können. ›Wir sind die Beherrscher der Lüfte!‹ hat sie gesagt.« Die blaue Libelle ahmte dabei den hochtrabenden Tonfall der Hornisse nach. »Wir haben sie natürlich ausgelacht. Aber dann wäre uns das Lachen beinahe vergangen. Weißt du, was sie noch gesagt hat? – ›Da uns niemand an Klugheit, Schönheit und Geschwindigkeit gleichkommt, erklären wir uns hiermit zu den Herrschern und obersten Richtern über diesen Landstrich. Unsere Gesetzgeber arbeiten gerade neue Gesetze aus, die für jedes Insekt gelten werden, das hier am See lebt. Ihr werdet noch davon hören, Libellen!‹ Und als ich sie fragte, welcher Art diese Gesetze sein werden, was glaubst du, was sie geantwortet hat? – ›Die Gesetze betreffen alle

Bereiche des Lebens, das ist doch wohl klar. Wir werden hier für Ordnung sorgen, Libellen! Unter anderem wird es eine Geschwindigkeitsbegrenzung für fliegende Insekten geben, eine Einschränkung und genaue Abgrenzung der Jagdgebiete, weiters ein Höhenfluglimit und monatliche Abgaben in Form von Blütenstaub.‹ In Form von Blütenstaub hat sie gesagt! Das schlägt doch wohl dem Faß den Boden aus! Die erwarten doch nicht im Ernst, daß wir für sie das Blütenstaubsammeln anfangen! Na, ich habe den Hornissen gleich den Kopf gerade gesetzt. ›Wer hier die schnellsten Flieger sind, das muß sich erst noch herausstellen!‹ habe ich gesagt. ›Machen wir doch einen Schnellflugwettbewerb, dann reden wir weiter. Eure schnellsten Flieger gegen unsere schnellsten Flieger. Wollen wir doch einmal genau festlegen, wer hier die *Beherrscher der Lüfte* sind!‹ – Na, da hättest du hören sollen, wie sie empört ihre Rüssel gerümpft haben. Schließlich haben sie dann aber dem Wettkampf zugestimmt und sind mit erhobenen Köpfen abgeschwirrt. Wenig später haben sie dann einen Boten geschickt, der sich gnädigst herabgelassen hat, uns den Zeitpunkt des Wettkampfes mitzuteilen. – Was sagst du dazu, Flirr?«

Flirr lachte in sich hinein. »Laß sie nur kommen«, sagte er. »Wir werden ihnen schon Manieren beibringen!«

15. KAPITEL Die Hornissen

Die selbstsichere Art der Libellen gefiel mir. Sie dachten offenbar keine Sekunde daran, daß sie den Wettflug verlieren könnten. Ich wußte nicht sehr viel über Hornissen. Ich hatte nur öfter gehört, daß sie sehr gefährlich werden konnten. Angeblich besaßen sie einen fürchterlichen Stachel und konnten absolut tödliches Gift verspritzen. Das war für mich mehr als beunruhigend, und ich wunderte mich, daß die Libellen mit keinem Wort diesen Stachel erwähnt hatten. Wahrscheinlich vertrauten sie so sehr auf ihre Schnelligkeit, daß sie nicht im Traum damit rechneten, jemals in Reichweite eines Hornissenstachels zu kommen. Mit Spannung erwartete ich die kommenden Ereignisse. Die Mühle hatte ich vollkommen vergessen...

Und dann kamen sie! Ein Schwarm von vierundvierzig Hornissen, in Reih und Glied natürlich, tauchte über den Schilfwipfeln auf. Ihre gelbschwarz gestreiften Leiber leuchteten in der Sonne, und ihr Flügelgebrumm war ein gleichmäßiger, kräftiger Ton, der irgendwie unheimlich klang. Die vorderste Hornisse rief ein kurzes, scharfes Kommando, daraufhin schwenkte der Schwarm in bewunderungswürdiger Exaktheit in eine Linkskurve und landete auf dem obersten Ast des Libellenbaumes. Schweigend und unbeweglich saßen sie da und schauten aus kalten Augen zu den Libellen herunter. Eine Weile blieb es still. Man hörte nur das Säuseln des Schilfes.

Flirrs Lachen durchbrach schließlich die beklemmende Stille. »Was ist los, ihr ›Beherrscher der Lüfte‹?« rief er spöttisch zu den Hornissen hinauf. »Habt ihr die Sprache verloren? Wir sind bereit! Erklärt uns, auf welche Art ihr verlieren wollt!«

Eine Welle eisiger Verachtung schlug ihm vom obersten Ast entgegen. Schließlich löste sich eine einzelne Hornisse aus der feindseligen Gruppe und flog drei Äste tiefer. Hochmütig begann sie die Wettkampfregeln zu erklären:

»Erstens!« sagte sie mit metallischer Stimme. »An dem Wettkampf nehmen teil: drei Hornissen und drei Libellen! Die Auswahl eurer Teilnehmer bleibt euch überlassen.

Zweitens! Die zu fliegende Strecke: Startpunkt ist dieser Baum hier. Geflogen wird bis zu der Insel draußen im See. Sie muß einmal umrundet werden, sodann wird zu diesem Baum zurückgeflogen.

Drittens! Die sechs Teilnehmer des Wettflugs starten alle gleichzeitig.

Viertens! Sieger ist diejenige Partei, von der die Mehrzahl ihrer Teilnehmer zuerst den Baum berührt.

Fünftens! Die Gegner dürfen sich in der Luft nicht berühren oder gar anrempeln.

Sechstens! Wenn ihr gegen diese Regeln verstoßt, haben automatisch wir gewonnen.

Siebentes! Wenn ihr verliert, habt ihr uns widerspruchslos als regierende Herren anzuerkennen und müßt euch ausnahmslos unseren Gesetzen beugen!«

»Ist das alles?« fragte Flirr.

Die Hornisse nickte herablassend.

»So. Und jetzt werde ich euch sagen, was ihr macht, wenn ihr verliert!« sagte Flirr. »Ihr laßt euch nie wieder in dieser Gegend blicken! Hast du das verstanden?«

Ein spöttisches Lächeln glitzerte in den Netzaugen der Hornisse auf. »Ja«, sagte sie. »Aber wir werden nicht verlieren ...« Dann flog sie zu den anderen Hornissen hinauf.

Flirr wandte sich an die Libellenfreunde: »Ihr habt alles gehört«, sagte er. »Wer will an dem Wettflug teilnehmen?«

»Ich, ich, iiich, ich auch!« riefen die Libellen. Es zeigte sich, daß alle mitmachen wollten.

»So geht das nicht!« rief Flirr in den Lärm hinein. »Es dürfen nur drei fliegen. Wir werden das Los entscheiden lassen. Wie viele sind wir?« Eine rasch durchgeführte Abzählung ergab einundzwanzig Libellen. Flirr flog schnell zum nahen Ufer und brachte einundzwanzig winzige Samenkörner. Achtzehn der Samenkörner waren von schwarzer Farbe und drei von rötlicher. Er gab die einundzwanzig Samenkörner in einen schmalen Schlitz der Rinde und forderte die Libellen auf, eine nach der anderen hineinzugreifen und ein Samenkorn herauszunehmen. Das letzte Samenkorn nahm er aus der Vertiefung. Er hätte es auch drinnenlassen können, denn die drei roten Körner waren schon gezogen worden. Flirr würde also nicht an dem Wettflug teilnehmen.

Ich sah mir die drei auserwählten Libellen an. Es waren zwei blaue und eine grüne. Sie unterschieden sich im Körperbau wenig von den anderen anwesenden Libellen, und es war schwer zu sagen, ob das Los die drei schnellsten Libellen getroffen hatte. Jedenfalls wurde die Losentscheidung von den anderen vorbehaltlos anerkannt.

Ich schaute rasch zu den Hornissen hinauf. Auch sie hatten drei Teilnehmer bestimmt, die auf einem separaten Ast Stellung bezogen hatten und ruhig und scheinbar gelassen auf das Startzeichen warteten.

»Also gut«, sagte Flirr zu den drei Libellen. »Stellt euch neben den drei Hornissen auf und ... macht eure Sache gut!«

Die drei Libellen flogen jetzt zu den Hornissen hinauf und setzten sich neben diese. Sechzig Augenpaare waren auf die sechs gerichtet, die Spannung lag fast greifbar in der Luft. Flirr flog nun ebenfalls zu dem Ast hinauf. Man einigte sich, daß er das Startzeichen geben sollte. Die Flügel der drei Libellen zitterten unmerklich, und auch die drei Hornissen hatten ihre Flügel leicht vom Körper abgehoben. Flirr gab mit lauter Stimme die Kommandos: »Achtung! Fertig! Los!« Bei »los!« gab es ein kurzes, scharfes, knallähnliches Geräusch, und mit ungeheurer Geschwindigkeit schossen die sechs Insekten in den flimmernden Himmel. Schnell waren sie unseren Blicken entschwunden. Der Start war so schnell vor sich gegangen, daß es einfach unmöglich war, zu sagen, wer von den beiden Gruppen die schnellere gewesen war. Schweigend warteten wir.

Ich war in den Schatten eines vorstehenden Rindenstücks gekrochen; denn die Hitze machte mir wieder zu schaffen. Außerdem war es immer von Vorteil, einen einigermaßen geschützten Standort zu haben. Wer weiß, wie die Hornissen reagierten, wenn sie verlieren würden? Ehrlich gesagt, mir war nicht wohl in meiner Haut. Da war ich also wieder in ein gefährliches Abenteuer verstrickt ...

Die Minuten verrannen mit quälender Langsamkeit. Ich hatte keine Ahnung, wie lange die sechs brauchen würden, um die Insel zu umrunden und wieder zurückzukehren; denn ich wußte ja nicht, wo diese Insel war.

Nach ungefähr drei Minuten entstand Bewegung unter

den Hornissen oben auf dem Baum. Zischendes Gemurmel drang zu uns herab, und dann sahen wir, wie ein, zwei Hornissen aufstiegen. Konnte man etwa die »Rennflieger« schon sehen? Flirr und zwei andere Libellen stiegen ebenfalls in die Luft. Ein vielstimmiger Ausruf der Libellen lenkte meine Aufmerksamkeit in Richtung See. Zwei schwach glänzende Punkte waren weit draußen aufgetaucht. Wer war es? Zwei Libellen, zwei Hornissen oder eine Libelle und eine Hornisse? Ich strengte meine Augen bis aufs äußerste an. Mein Herz klopfte mir bis zum Hals, ich hatte das Atmen vergessen. Die beiden glänzenden Punkte kamen rasch näher. Nun glaubte ich zwei Libellen erkennen zu können ... Nein ... der eine Punkt schien kleiner zu sein, also eine Hornisse und eine Libelle. Oder waren es doch zwei Libellen und die eine sah nur kleiner aus, weil sie etwas zurücklag? Die Libellen neben mir hatten anscheinend bessere Augen als ich, denn sie riefen aufgeregt: »Es ist Pankratz und eine Hornisse! Er liegt vorne! Schneller, Panki, schneller!«

Nun bemerkte ich im Hintergrund drei weitere flirrende Punkte, die ebenfalls rasch näherkamen. Flirr war neben mir gelandet. Seine Augen waren starr vor Spannung auf die beiden vorderen Flieger gerichtet. Ich konnte nun deutlich die Libelle und die Hornisse unterscheiden. In atemberaubendem Tempo schossen sie auf den Baum zu. Mein Gott, wenn sie diese Geschwindigkeit beibehalten, werden sie am Ziel zerschellen! dachte ich und duckte mich unwillkürlich in meine Deckung.

Die Libelle Pankratz erreichte als erster das Ziel. Dicht vor dem Baum bremste sie mit aller Kraft ihren halsbrecherischen Flug ab. Es sah aus, als ob sie sich in der Luft überschlagen würde. Ich glaubte, das Aderwerk ihrer Flügel knacken und brechen zu hören. Es wurde eine harte Landung, aber sie blieb unverletzt.

Zwei Sekunden später sauste die Hornisse gegen den Baumstamm. Sie hatte eine noch härtere Landung als Pankratz. Sie knallte richtig gegen die Rinde und fiel dann leblos zu Boden. Später stellte es sich heraus, daß auch sie keine nennenswerten Verletzungen davongetragen hatte. Aber sie war eine Weile bewußtlos gewesen.

Das alles war viel schneller vor sich gegangen, als es sich beschreiben läßt. Unsere Aufmerksamkeit richtete sich nun auf die anderen Teilnehmer des Wettflugs; denn nun kam ja der entscheidende Moment! Wer als nächster landen würde, dessen Partei hatte ja den Wettkampf gewonnen. Ein Aufatmen ging durch die Reihen der Libellen, als sie sahen, daß zwei der ihren die nächsten Ankömmlinge waren. Gleichzeitig hallte ein einziger Wutschrei von der Baumspitze. Die Libellen hatten gewonnen. Nach und nach landeten die Teilnehmer des Wettbewerbs auf dem Baum. Als letzte kamen die zwei Hornissen an. Große Aufregung und viel Geschrei, Gezische und Geschwirr brach los. Die Hornissen sowie die Libellen umschwirrten ihre angekommenen Flieger; jene voll Zorn und Enttäuschung, diese mit Freude und Triumph. Langsam legte sich der Wirbel.

Die drei Libellen waren sichtlich erschöpft. Sie hatten das Letzte aus sich herausgeholt.

Plötzlich hörten wir die laute, metallische Stimme der Hornisse, die zu Beginn des Wettflugs mit Flirr gesprochen hatte. »Libellen!« rief sie. »Der Wettkampf ist ungültig! Er ist ungültig, hört ihr?«

Einen Moment lang herrschte verblüfftes Schweigen unter den Libellen. Dann wurden empörte Rufe laut. »Frechheit! Unverschämtheit! Wir haben alle gesehen, daß wir gewonnen haben. Was soll das?«

Flirr schaffte schließlich Ruhe und flog auf den nächsthöheren Ast, von wo aus er mit der Hornisse sprach. »Wie kommst du zu dieser Behauptung?« fragte er die Hornisse, die anscheinend der Anführer ihres Schwarmes war.

»Der Wettflug ist ungültig!« wiederholte die Hornisse. »Und zwar aus folgendem Grund: Eure drei Teilnehmer haben die Insel von der südlichen Seite her umrundet, während unsere die nördliche Richtung genommen haben. Ihr wart dadurch im Vorteil; denn dort draußen weht ein starker Südwind! Ihr hattet Rückenwind, während wir die Insel gegen den Wind umfliegen mußten! Ihr wollt euch den Sieg erschwindeln! Ich sage daher: Der Wettkampf ist ungültig!«

»Das ist Unsinn!« rief Flirr. »Wir haben eindeutig gewonnen! Es war vorher niemals die Rede davon, von welcher Seite her die Insel umrundet werden sollte ...«

Flirrs Worte gingen in dem wüsten Geschrei unter, das nun aus dem Schwarm der Hornissen erscholl. Auch die Libellen riefen zornige Worte hinauf. Flirr hatte Mühe, wieder Ruhe herzustellen. »Paßt auf, Hornissen!« rief er. »Ich mache euch einen Vorschlag! Niemand soll sagen können, wir Libellen hätten unfair gekämpft. Wir sind bereit, den Wettflug zu wiederholen. Diesmal sollen nur eine Hornisse und eine Libelle fliegen – die beiden Anführer! Und damit alles seine Ordnung hat, schlage ich vor, daß jeweils eine Abordnung beider Gruppen zu der Insel vorausfliegt und den Verlauf des Fluges genau kontrolliert. Ich schlage weiter vor, daß die Insel von der südlichen Seite umflogen wird. Was ist? Seid ihr damit einverstanden?«

Gemurmel war nach Flirrs Worten unter den Hornissen entstanden. Sie konnten sich wohl kaum vor diesem Vorschlag drücken, der mehr als anständig war. Schließlich erklärte sich der Anführer der Hornissen bereit, mit Flirr um die Wette zu fliegen. Je vier Libellen und vier Hornissen flogen zur Insel voraus.

Flirr und die Anführer-Hornisse nahmen Aufstellung, warteten ein paar Minuten, bis die »Kontrollorgane« die Insel erreicht hatten, und starteten dann. Diesmal gab eine Hornisse das Startsignal.

Die beiden Gegner zischten mit Wahnsinnsgeschwindigkeit ab.

Die Spannung war diesmal noch größer. Es war kaum auszuhalten.

Flirr, ich halte dir die Daumen!

»Jetzt müssen sie bei der Insel sein«, sagte eine Libelle. Ich schloß die Augen. Flieg, Flirr, flieg! Eine Minute, zwei Minuten, drei Min... »Sie kommen! Sie kommen!« rief eine Libelle. Richtig! Weit draußen wurden zwei Punkte sichtbar. Die Libellen flogen alle vom Baum auf, um die Näherkommenden besser sehen zu können. Auch die Hornissen waren alle aufgestiegen und summten und schrien aufgeregt durcheinander. Nein, ich konnte es nicht anschauen, es war zuviel für meine Nerven. Ich schloß wieder die Augen und begann langsam zu zählen. Eins, zwei, drei... neun, zehn. Der Lärm schwoll immer mehr an. Jubelten die Libellen oder jubelten die Hornissen? Dreizehn, vierzehn, fünfzehn... Tosender Lärm ringsum.

Ich riß die Augen auf und sah gerade, wie Flirr heranzischte und elegant neben mir auf dem Ast landete. Drei Sekunden später kam die Hornisse an. Wir hatten gewonnen!

Nun war der Bär los! Die Libellen umringten lachend Flirr, klopften ihm auf die Schultern und waren außer sich vor Freude.

Ich schaute zu den Hornissen hinauf. Sie hatten anscheinend ihre ganze Disziplin fallengelassen. Eine Hornisse klammerte sich an die andere, und so war eine große Traube entstanden. In der Mitte befand sich wohl ihr gescheiterter Anführer. Sie zischten und schrien durcheinander – das reinste Chaos. Nach und nach begann sich die

Traube aus Hornissenleibern aufzulösen, und es wurde wieder ruhiger. Die Hornissen flogen plötzlich – wie auf ein unhörbares Kommando – auf, formierten sich in der Luft schweigend zu einem einigermaßen geordneten Schwarm, umkreisten einmal den Baum und flogen dann in der Richtung davon, aus der sie gekommen waren. Als ich zu dem obersten Ast blickte, sah ich dort einen gelbschwarz gestreiften Körper liegen. Es war die Anführer-Hornisse. Sie war tot.

»Übles Geschmeiß«, murmelte Flirr. »Ich hoffe, wir sehen sie nie mehr wieder!«

An diesem Nachmittag wurde noch viel über den Wettflug geredet. Weitere Libellen trafen am Baum ein und ließen sich den Verlauf des Kampfes erzählen, andere flogen zu den Schilfwäldern, um die Kunde unter den übrigen Schilfbewohnern zu verbreiten. Flirr war zum Tagesgespräch Nummer eins geworden. Mich hatte man ganz vergessen. Aber ich gönnte Flirr seinen Erfolg. An einen Flug zu den Häusern der Menschen war heute ohnehin nicht mehr zu denken. Flirr mußte nach dieser enormen Anstrengung furchtbar müde sein.

16. KAPITEL Der Flug zu den Häusern der Menschen

Der Abend kam, es wurde wieder ruhiger um den Libellenbaum in der Rohrbucht. Die meisten Libellen hatten sich verabschiedet und waren zu ihren Schlafplätzen in den Schilfwald geflogen. Flirr hatte nun wieder Zeit, sich mir zu widmen. »Mehli, mir scheint, ich hab' dich ein bißchen vergessen«, sagte Flirr lachend.

»Flirr, du warst großartig!« sagte ich.

»Danke«, sagte er bescheiden. »Aber ich bin auch furchtbar müde von der vielen Herumfliegerei heute. Es macht dir doch nichts aus, wenn ich jetzt auch schlafen gehe? Gleich morgen früh bringe ich dich dann zu den Häusern der Menschen. Jetzt muß ich mich ausschlafen, damit ich morgen wieder bei Kräften bin. Wo willst eigentlich du die Nacht verbringen?«

»Geh nur schlafen, Flirr«, sagte ich. »Ich bleibe hier auf dem Baum. Schau, während ihr gefeiert habt, habe ich mir eine feine Schlafmulde gegraben.«

»Also gut, Mehli. Dann wünsche ich dir eine gute Nacht. Ich werde in den Schilfwald fliegen. Wir Libellen bevorzugen nämlich die Unterseite der Schilfblätter als Schlafplatz. Schlaf gut, Mehlkäfer!«

»Gute Nacht, Flirr!«

Flirr hob surrend ab und war gleich darauf in der Dunkelheit verschwunden.

Ich kuschelte mich in meine Mulde, nagte noch ein paar Unebenheiten weg und döste langsam ein. Das Schilf rauschte leise, und aus der Ferne drangen verschwommen Unkengesänge herüber. Bald darauf war ich tief eingeschlafen. Ich hatte in dieser Nacht einen Traum. Mir träumte, ich flog mit einer Hornisse um die Wette. Ich hatte riesige Flügel, die laut summten und nur mit Mühe zu bewegen waren. Ich strengte mich im Traum fürchterlich an. Die Hornisse flog hinter mir und holte immer mehr auf. Ich strengte mich noch mehr an, um der Hornisse zu entkommen. Aber je mehr ich mich mühte, desto schwerer und steifer wurden die Flügel. Als ich den Kopf wendete, sah ich, daß die Hornisse nur mehr wenige Zentimeter hinter mir war. Sie hatte einen schaurig langen und spitzen Stachel und lachte meckernd. Sie wird mich totstechen! dachte ich voll Entsetzen. Ja, und dann wachte ich auf. Ich war noch eine Zeitlang etwas benommen, aber dann merkte ich, daß ich nur geträumt hatte, und atmete erleichtert auf. Ringsum war tiefste Nacht und friedliche Stille. Seufzend legte ich mich in meiner Mulde zurecht und versuchte, wieder weiterzuschlafen. Aber der Schlaf wollte nicht mehr so richtig kommen. Halb wachend und halb dösend lag ich da, und plötzlich hörte ich ein beunruhigendes Geräusch näherkommen, das mir irgendwie bekannt vorkam. Es war ein helles, scharfes Flügelsurren. Und dann wußte ich mit einem Mal, welches Insekt diese Art von Gesurre erzeugt. Hornissen!

Ging der Traum etwa wieder von vorne los? Ich wollte ihn nicht noch ein zweites Mal träumen und riß gewaltsam die Augen auf. Aber das Geräusch blieb. Dann war es also kein Traum!

Ich schaute über den Rand meiner Schlafmulde in die Nacht hinaus und strengte mein Gehör an. Ohne Zweifel! Eine oder mehrere Hornissen mußten irgendwo in der Nähe sein. Ich versuchte, die Dunkelheit mit meinen

Blicken zu durchdringen, aber es gelang mir nicht, die Urheber des Flügelgebrumms zu sehen. Es war einfach zu finster. Eine Zeitlang hörte ich noch das Geräusch, dann entfernte es sich plötzlich und kehrte nicht mehr zurück. Sollten die Hornissen versucht haben, die Libellen im Schlaf zu überfallen? Das wäre durchaus möglich. Ein Glück, daß die Libellen im Schilf übernachteten! Ich nahm mir vor, Flirr am nächsten Tag von meiner Wahrnehmung zu berichten. Mit diesem Gedanken schlief ich dann ein.

Die Morgensonne schien mir mild auf den Rücken, und davon erwachte ich. Ich fühlte mich sehr frisch und ausgeruht an diesem schönen Morgen. Ringsum glänzten Tautropfen auf den Schilfhalmen und Blättern. Friedliche Stille lag über der Rohrbucht. Nun würden bald alle Insekten aufwachen. Die Sonne tat ihr Bestes, um sie aus dem Schlaf zu locken.

Ich verspürte etwas Hunger und versuchte mich an der Rinde des Libellenbaums. Ich hatte zwar schon Besseres gegessen, aber sonst war nichts in Reichweite, und so füllte ich meinen Magen mit der trockenen Rinde. Ich tröstete mich damit, daß ich heute noch – endlich – in der Mühle sein würde und die Speise aller Speisen essen würde. Mehl – ihr wißt schon...

Als ich mein kärgliches Frühstück beendet hatte, kam Flirr dahergeflogen. »Guten Morgen, Mehli!« rief er fröhlich. »Na, hast du gut geschlafen?«

»Morgen, Flirr«, sagte ich. »Ja, ich hatte eine angenehme Nacht. Das heißt, ganz so angenehm war sie doch nicht. Ich hatte einen seltsamen Traum...« Und dann fiel mir das Hornissengebrumm wieder ein. Ich erzählte Flirr von meinen Wahrnehmungen. Aber er nahm es auf die leichte Schulter. »Wahrscheinlich hast du das auch bloß geträumt«, sagte Flirr. »Hornissen fliegen nämlich nicht bei Nacht, mein Guter. Ich kann mir nur schwer vorstellen, daß sie uns überfallen wollten. Die haben genug von uns, glaub' mir das.«

Einige andere Libellen gesellten sich nun zu uns, plauderten, lachten und freuten sich auf den warmen Tag. Die Sonne war inzwischen herausgekommen, und es sah wirklich aus, als ob es ein heißer Tag werden sollte.

»Nun, was ist, Mehli? Fliegen wir zu der Mühle? Bist du bereit?« fragte Flirr.

»Ja, fliegen wir!« antwortete ich. »Ich kann es ohnehin kaum noch erwarten!« Ich nahm Abschied von den Libellen und kletterte auf Flirrs Rücken. Kurz darauf befanden wir uns wieder hoch in der Luft. Das grüne Land zog unter uns dahin. Wiesen, Wälder, kleine Teiche. Flirr zeigte mir seine Lieblingsplätze, ging manchmal auch tiefer und schwebte dicht über den weiten Wiesen dahin.

Bald darauf tauchten Felder unter uns auf, und weiter vorne sahen wir die Häuser der Menschen. Eine freudige Erregung packte mich bei diesem Anblick; denn dies war ja meine neue Heimat. Zum zweiten Mal war ich nun hier, aber diesmal würde ich mein Ziel erreichen, davon war ich überzeugt.

Einmal noch wollte ich zurücksehen auf die grüne Wildnis, wo ich bisher so lange gelebt hatte und wo ich so viele schöne und auch traurige und gefährliche Abenteuer erlebt hatte. Ich wendete den Kopf und schaute mit etwas Wehmut zurück. Den See konnte ich nicht mehr sehen, er war hinter einer Baumgruppe verschwunden. Und weit, weit dort drüben mußte irgendwo der Tümpel mit dem

Maulbeerbaum sein. Fritz, Melonko, werde ich euch jemals wiedersehen?

Als ich so voll feierlich-trauriger Gedanken zurückblickte, sah ich plötzlich drei glänzende Punkte hinter uns im milchigen Sonnenlicht auftauchen. Die drei Punkte kamen schnell näher. »Flirr, wir bekommen Besuch!« sagte ich, denn ich glaubte, drei Libellen erkennen zu können.

»Besuch?« sagte Flirr und flog eine sanfte Kurve, um die näherkommenden Insekten sehen zu können. Plötzlich merkte ich, wie ein Ruck des Erschreckens durch Flirrs Körper ging. Gleich darauf beschleunigte Flirr sein Flugtempo.

»Was hast du?« fragte ich die Libelle.

»Das sind Hornissen!« sagte Flirr. »Und ich glaube, die führen nichts Gutes im Schild!«

Hornissen! Ich drehte mich nochmal um, und jetzt konnte auch ich die gelbschwarz gestreiften Körper erkennen. Ein tiefer Schreck durchfuhr mich. Hornissen! Mein Traum der vergangenen Nacht fiel mir ein, und das Herz wollte mir in die Zehenspitze fallen. Die drei Hornissen flogen mit Höchstgeschwindigkeit und kamen rasch näher. Ihre feindlichen Absichten waren fast körperlich zu spüren. Und das jetzt, wo Flirr durch mich behindert war und nicht seine volle Geschwindigkeit erreichen konnte!

Flirr holte das Letzte aus sich heraus. Seine vier langen Glasflügel surrten rasend und waren nur mehr als ein verschwommener Schatten sichtbar. Mit einem wahnsinnigen Tempo durchschnitten wir die Luft. Ich mußte mich mit aller Kraft festklammern, um nicht davongeweht zu werden. Die Häuser der Menschen waren nun schon ganz nahe. Flirr wollte offensichtlich in den Schutz der Gebäude kommen, bevor uns die Hornissen erreichten. Ein weiterer Blick nach hinten ließ mich vor Schreck aufschreien. Die Hornissen hatten noch mehr aufgeholt, und es war vorauszusehen, daß sie uns einholen würden. Auch Flirr hatte die Gefahr voll erkannt. »Mehli, halte dich jetzt fest. Ich muß einige Tricks versuchen!« rief er.

Gerade als wir die ersten Häuser unter uns hatten, wurden wir von den Hornissen eingeholt. Sie versuchten, uns einzukreisen. Eine kam von rechts, eine von links, und die dritte versuchte, uns von hinten anzufallen. Ihre schrillen Schreie habe ich noch heute im Ohr. Doch nun zeigte es sich, welch ein glänzender Flieger Flirr war. Mitten im rasenden Flug stieg Flirr plötzlich senkrecht in die Luft. Die drei Hornissen schossen unter uns durch und hatten Mühe, ihren Flug so rasch abzubremsen. Aber auch sie waren geschickte Flieger. Flirrs Manöver hatte uns noch lange nicht aus ihrer Reichweite gebracht. Die Hornissen formierten sich jetzt zu einem Dreieck und stiegen Flirr nach. Flirr stoppte plötzlich seinen Steigflug und schoß dann in einem steilen Winkel geradewegs auf die Hornissen zu. Ich schloß kurz die Augen. Flirr setzte alles auf eine Karte. Das hatten die Hornissen nicht erwartet. Als sie Flirr so auf sich zuschießen sahen, wollten sie nach allen Seiten hin ausweichen, um einen Zusammenstoß zu vermeiden. Es lag keineswegs in Flirrs Absicht, mit den Hornissen zusammenzuprallen, denn das wäre auch unser Ende gewesen. Er wollte sie nur erschrecken und dadurch einen Vorsprung gewinnen, um ein sicheres Versteck in den Häusern der Menschen erreichen zu können. Aber Flirr hatte seine Geschwindigkeit etwas unterschätzt. Die drei Hornissen stoben zwar in drei verschiedenen Richtungen davon, aber im Vorbeifliegen streifte eine Hornisse Flirrs linken Vorderflügel. Bei dieser Geschwindigkeit wirkte sich das verheerend aus. Der vordere von Flirrs linkem Flügelpaar bekam einen langen Riß. Wir überschlugen uns mehrmals und stürzten dann taumelnd auf die Erde zu. Flirr hatte die Herrschaft über seinen Körper verloren. Alles, was er noch tun konnte, war, den Sturz so gut es ging, abzubremsen.

Wir hatten Glück! Flirr stürzte in den Hof eines Bauernhauses, und zwar genau auf einen Misthaufen. Der Misthaufen war weich und mit trockenem Stroh bedeckt. Dieser Umstand rettete uns das Leben. Wir hatten eine

weiche Landung, und Flirr kroch gleich in das lose Stroh, damit uns die Hornissen nicht sahen, falls sie uns noch verfolgten.

Wir warteten eine Weile in unserem Versteck und horchten aufmerksam auf näherkommendes Flügelgebrumm. Aber es blieb alles ruhig. Die Hornissen hatten offenbar die Verfolgung aufgegeben. Vorsichtig krochen wir ins Freie. Wir kletterten vom Misthaufen herunter, in die Schatten einer Brennesselstaude. Ich besah mir Flirrs Verletzung. Der linke Vorderflügel war stark eingerissen, aber das Hauptgerüst war glücklicherweise heilgeblieben.

»Hast du Schmerzen?« fragte ich Flirr.

»Nein«, sagte er. »Aber ich kann nicht mehr fliegen. Diese verflixten Hornissen! Diese hinterhältigen Bestien!« Flirr fluchte kräftig. Da saßen wir ja schön in der Patsche! Was sollten wir machen?

Ich war vollkommen ratlos.

Plötzlich raschelte es neben uns im Stroh, und heraus kroch ein dicker schwarzer Mistkäfer. »Wer flucht denn hier so gottserbärmlich?« sagte er und kroch langsam näher. Der Mistkäfer war offenbar etwas kurzsichtig, denn er kroch bis auf einen Zentimeter zu uns heran und musterte uns dann aufmerksam.

»Wir haben einen Unfall gehabt«, sagte ich, da mir nichts Besseres einfiel.

»Unfall, so so«, sagte der Mistkäfer und besah sich eingehend Flirrs verletzten Flügel. »Ganz nett«, murmelte er. »Ganz netter Riß. Hm ... Libelle? Habe ich recht? Und du? Was bist du für einer? Maikäfer? Erdkäfer? Mistkäfer? Nein, Mistkäfer bist du nicht, das bin ja ich, hahahaha!« Er lachte eine Weile über seinen Witz und

hörte dann plötzlich zu lachen auf. »Jetzt weiß ich's!« rief er. »Ein Mehlkäfer bist du! Meeeeeehlkäfer, hahaha!«

Flirr tippte sich an die Stirn. Der spinnt ein bißchen! sollte das heißen.

»Hör zu«, sagte ich zu dem Mistkäfer. »Mein Freund hier ist schwer verletzt – und du reißt dumme Witze, über die keiner lachen kann. Das ist nicht sehr taktvoll von dir, Mistkäfer!«

»Na, na«, sagte der Mistkäfer, »es war nicht bös gemeint. Ich will euch ja helfen. Wartet, ich komme gleich wieder. Gleich bin ich wieder da . . .«

17. KAPITEL: Hanna, die Spinne

Der Mistkäfer kroch schnell zu der nahen Mauer eines Schuppens, ergriff dort einen dünnen Faden, der vom Fenster herunterhing, und zog ein paarmal daran. Ich suchte mit den Blicken das andere Ende dieses Fadens und bemerkte, daß er in einem Loch der Glasscheibe des Fensters verschwand.

Es dauerte nicht lange, und in eben diesem Loch wurde eine große graue Spinne sichtbar. »Was willst du schon wieder, Mistkerl?« schimpfte sie hinunter, als sie den Mistkäfer sah.

»Hanna, bitte, komm herunter!« sagte der Mistkäfer unterwürfig. »Da sind zwei Leute, die deine Hilfe brauchen. Hilf ihnen, Hanna!«

»Hilf ihnen, Hanna, hilf ihnen, Hanna«, äffte die Spinne. »Dauernd soll ich helfen. Und wer hilft mir? Was hab' ich davon, hä?«

Keifend ließ sich die Spinne an einem Faden langsam zu Boden sinken. Der Mistkäfer führte sie zu uns unter die Brennesseln.

»Guten Tag, Frau Spinne«, grüßte ich artig.

»Tag«, krächzte sie. »Was ist los? Wo fehlt's? Heraus mit der Sprache!« Dann sah sie Flirrs eingerissenen Flügel. »Aha!« sagte sie nur und betastete die verletzte Stelle. »Paß auf, Libelle!« sagte sie nach einer Weile. »Ich kann dir tatsächlich helfen. Aber du mußt dich flach auf den Boden legen und darfst dich nicht bewegen. Nicht mucksen. Still sein. Ich werde dir den Flügel zusammenleimen.

Mit Spezial-Spinnenleim, extra harte Mischung, klar? Ist nachher wie neu, dein Flügel, wirst sehen!«

»Kann ich dann auch wieder fliegen?« fragte Flirr zweifelnd.

»Mund halten«, sagte die Spinne barsch. »Hinlegen und still sein. Klar kannst du dann fliegen. Was sonst?«

Flirr wagte nicht mehr zu widersprechen. Er legte sich flach auf den Boden und streckte den verletzten Flügel von sich. Die Spinne Hanna kroch nun vorsichtig auf Flirrs Flügel und begann konzentriert eine stark klebrige Flüssigkeit aus ihrer Spinndrüse zu pressen. Die Flüssigkeit tropfte genau auf die Bruchstelle des Libellenflügels und wurde in Sekundenschnelle hart. Gespannt sah ich zu. Der Mistkäfer kicherte leise.

Bald darauf war die Spinne mit der Behandlung fertig. »So«, sagte sie. »Kannst aufstehen, Libelle!« Flirr richtete sich langsam auf und bewegte behutsam den reparierten Flügel.

»In den nächsten vier Tagen darfst du jetzt den Flügel nicht überanstrengen«, sagte Hanna. »Hübsch langsam fliegen, hörst du? Danach kannst du von mir aus machen, was du willst!«

Flirr konnte es kaum fassen, daß er so rasch geheilt worden war. Man konnte die Bruchstelle kaum noch erkennen. Einfach phantastisch! »Frau Spinne, Sie haben mir das Leben gerettet. Ich danke Ihnen vielmals!« sagte Flirr.

»Papperlapapp«, brummte die Spinne. »Leben gerettet? Unsinn ... Und was hab' ich jetzt davon? Nichts.«

»Aber ...«, sagte Flirr.

»Sei still!« schnitt ihm Hanna das Wort ab. »Kommt mit,

ich geb' euch eine besondere Speise zur Kräftigung, dann haut von mir aus ab ... Kommt, kommt, folgt mir!«

Ohne uns weiter zu beachten, kroch Hanna zu der Schuppenmauer. Flirr sah mich etwas verwirrt an. Ich zwinkerte ihm zu. »Laß nur«, flüsterte ich. »Sie ist zwar ein richtiger Drachen, die alte Schachtel, aber sie hat sicher ein gutes Herz.«

Die Spinne ergriff den Faden, der vom Fenster herunterhing, und kletterte behende daran empor. Im Handumdrehen war sie auf dem Fensterbrett angelangt. »Kommt rauf, los, los!« rief sie herab.

Flirr flog kurzerhand zu ihr hinauf. Ja, und ich? Wie sollte ich hinaufkommen? Flirr durfte mich ja noch nicht tragen.

»Was ist, Mehlkäfer?« rief Hanna. »Flieg herauf!«

»Ich kann nicht fliegen«, sagte ich.

»Was, du kannst nicht? Seltsam ... Na, dann binde dir den Faden um den Bauch, ich ziehe dich hoch!«

Aha! Nun gut, so ging es auch. Ich band mich fest, und Hanna zog mich aufs Fensterbrett.

»Ich auch! Ich auch!« rief der Mistkäfer bettelnd.

»Du verzieh dich in deinen Mist!« keifte die Spinne hinunter. »Verschwinde!« Und zu uns sagte sie: »Wartet einen Moment, ich komme gleich wieder.«

Sie kroch durch das Loch in der Glasscheibe in den Schuppen. Ich preßte meine Nase an die Scheibe, aber ich konnte nichts erkennen, da es im Schuppen stockfinster war.

»Schau«, sagte Flirr und ließ die Flügel kurz aufbrummen. »Phantastisch, was? Ich merke keinen Unterschied. Aber was wirst du jetzt anfangen? Zur Mühle kann ich dich leider nicht mehr fliegen. Du müßtest einige Tage hierbleiben und warten, bis ich meinen Flügel wieder voll gebrauchen kann.«

»Tja, Flirr, etwas anderes wird mir wohl nicht übrigbleiben ...«

Hanna tauchte im Loch der Glasscheibe auf. Sie trug eine dicke Kugel aus Spinnweben und legte sie vor uns hin. »Da, eßt! Stärkt euch!« sagte sie.

Flirr und ich sahen uns ratlos an. *Das* sollten wir essen?

»Worauf wartet ihr noch?« sagte die Spinne ungehalten. »Langt zu, es ist genug da!«

»Aber ... ich ... wir ...«, stotterte ich.

»Aufbeißen!« befahl Hanna.

Zögernd kroch ich zu der unappetitlichen Kugel und biß sie auf. – Was soll ich sagen? Die Überraschung war ihr voll gelungen. Die Kugel war mit feinstem, köstlichstem, weißestem Mehl gefüllt. Entzückt schrie ich auf und begann genußvoll zu essen. Auch Flirr langte kräftig zu.

Nachdem wir uns sattgegessen hatten, stellte ich eine Bitte an Hanna. Ich hatte mir das Ganze während des Essens gründlich durch den Kopf gehen lassen, und es schien mir die beste Lösung zu sein. »Liebe Frau Spinne«, sagte ich. »Ich habe eine große Bitte an Sie. Wie Sie wissen, bin ich mit Flirr hierhergekommen. Wir sind nämlich auf der Suche nach einer Mühle. Da Flirr mich in den nächsten Tagen nicht herumfliegen darf, habe ich mir gedacht, ich bleibe solange bei Ihnen. Ich will mich auch gern nützlich machen und Ihnen bei anfallenden Arbeiten helfen. Flirr wird mich dann in drei, vier Tagen wieder abholen, nicht, Flirr? Das tust du doch?«

»Ja, klar«, sagte Flirr.

»Hierbleiben willst du?« sagte Hanna und musterte mich unverhohlen von vorne bis hinten. So, als ob sie abschätzen wollte, ob ich auch kräftig genug wäre. »Na gut, bleib hier, Mehlkäfer«, sagte sie dann. »Kriegst jeden Tag dein Mehl und hilfst mir ein bißchen beim Netzespannen. Ja ja, hm, gar keine schlechte Idee.«

»Fein, abgemacht!« sagte ich fröhlich. Wenn ich ganz ehrlich bin, so hat mich hauptsächlich die Aussicht, jeden Tag Mehl essen zu können, zu diesem Vorschlag bewogen. Ich sollte diesen Entschluß jedoch noch bereuen, wie ihr bald sehen werdet.

Nachdem wir also alles abgesprochen hatten, schwang sich Flirr in die Luft. »In spätestens vier Tagen bin ich wieder da!« rief er, dann war er weg.

»Komm, Mehlkäfer«, sagte Hanna zu mir. »Ich zeige dir gleich deinen Schlafplatz, und dann ziehen wir gemeinsam einige Fäden auf. Zur Übung. Es wird dir Spaß machen, du wirst sehen!«

Bereitwillig folgte ich ihr in das Innere des Schuppens.

Freunde, was nun folgte, daran denke ich noch heute mit Grausen. Zuerst einmal zeigte mir die alte Spinne meinen Schlafplatz: eine kahle, staubige Mauernische. Und dann ging es los – das Fädenspannen. Ich hatte ja keine genaue Vorstellung von dieser Arbeit gehabt. Mein Gott, Fädenspannen, was wird das schon sein – ein netter Zeitvertreib. So hatte ich gedacht. Aber es war alles andere als ein netter Zeitvertreib! Eine halsbrecherische, wahnsinnig anstrengende Arbeit war das. Hanna spann pausenlos ihre Fäden und kommandierte mich den ganzen Tag in dem finsteren Schuppen herum. »Mehli, nimm diesen Faden und trage ihn zum Balken hinauf. Dort, an dem vorstehenden Nagel mach ihn fest! – Mehlkäfer! Das Netz in der rechten hinteren Ecke muß auch ausgebessert werden! Da hast du einen Knäuel Fäden. Und beeil dich, ich spinne inzwischen den starken Trägerfaden für das neue Ostnetz! – Mehli, geh zum Fenster und sieh nach, ob sich eine Mücke im dortigen Netz gefangen hat, ich glaub', ich habe heute morgen etwas summen gehört. – Mehli, der lange Faden vom Fliegennetz ist abgerissen. Kletter doch mal hinauf und schau, wie wir das am besten reparieren können. – Mehlkäfer! Steh nicht schon wieder herum! Da hast du einen Faden, trag ihn zum Dachstuhl hinauf. Der Giebelbalken bettelt ja direkt nach einem neuen Netz! –

Mehl! Den Holzstoß unten in der Ecke müssen wir auch noch mit Netzen überziehen. Von oben bis unten. Ist ein feiner Platz dafür!«

So ging das den ganzen lieben langen Tag. Meine Beine waren von der Spinne gleich am ersten Tag mit einer klebrigen Masse bestrichen worden, dadurch konnte ich auch senkrechte Wände hinaufklettern. Trotzdem, mehr als einmal wäre ich beinahe abgestürzt. Und dazu das ungeheuer anstrengende Fädenspannen und Fädenschleppen. Nach zwei Tagen kam ich mir schon selber wie eine Spinne vor. Hanna hockte nur immer auf dem selben Fleck und produzierte ununterbrochen Fäden. Und ich mußte die Hauptarbeit allein machen. Da hatte ich mir ja was Schönes eingebrockt! Andererseits getraute ich mich nicht, die Arbeit zu verweigern, da ich mich irgendwie in ihrer Schuld fühlte. Und so arbeitete und schuftete ich mit zusammengebissenen Zähnen und sehnte die Stunde herbei, in der mich Flirr abholen würde.

Seit zwei Tagen hatte ich schon kein Tageslicht mehr gesehen. Immer in dem modrigen Schuppen und in der Nacht in meiner unbequemen Schlafnische! Der einzige Lichtblick war das Mehl, das mir Hanna in nicht gerade übermäßigen Portionen zuschob. Einmal fragte ich sie, woher sie eigentlich das Mehl habe. Aber ich bekam nur eine ausweichende Antwort. Ja, die gute Hanna nutzte mich richtig aus. Und das Mehl war ihr Köder; denn sie hatte gleich bemerkt, wie sehr ich auf diese Speise versessen war.

Das alles wäre vielleicht noch zu ertragen gewesen. Aber eine andere Sache widerte mich besonders an und verursachte bei mir einen echten Gewissenskonflikt. Hannas umfangreiches Netzwerk, das nahezu das ganze Innere des Schuppens überzog und durchzog, hatte natürlich nur einen Zweck: Die Netze waren lauter Fallen, in denen sich kleinere fliegende Insekten verfangen sollten. Und oft genug hing eine Fliege oder eine Mücke in einem Netz, flatterte verzweifelt mit den Flügeln und konnte sich nicht befreien. Und Hanna, die alte Hexe, kletterte dann zu dem Opfer, tötete es und saugte es aus.

Ich wandte mich bei diesen Szenen immer voll Abscheu und Grauen ab. Es war einfach barbarisch. Beim Netzespannen rührte sie kein Glied – das mußte ich machen. Aber wenn sie dann ein Opfer in einer der Fallen entdeckte, entwickelte sie eine verblüffende Behendigkeit. Im Nu war sie dort und begann ihre grauenvolle Mahlzeit.

Am Abend des dritten Tages hielt ich es nicht mehr aus. Obwohl ich wußte, daß mich Flirr am nächsten Tag abholen würde, beschloß ich, der Spinne davonzulaufen. Ich wartete in meiner Nische ab, bis sie eingeschlafen war, und kletterte dann, jedes Geräusch vermeidend, über die Mauer zum Fenster. Ich mußte dabei höllisch achtgeben, daß ich keinen ihrer Signalfäden berührte, denn dann wäre Hanna sofort aufgewacht.

Die Flucht gelang.

An einem Faden, den ich extra zu diesem Zweck mitgenommen hatte, seilte ich mich vom Fensterbrett zur Erde hinab. Es war eine besonders finstere Nacht. Der Himmel war bewölkt und ließ kein Mondlicht durch. Zudem ging ein lebhafter Wind. Ich wollte zum Mistkäfer gehen und dort Flirrs Ankunft abwarten. Als ich eben den Erdboden erreicht hatte, kam ein heftiger, vermaledeiter Windstoß um die Ecke des Schuppens, packte mich und blies mich durch die Nacht. Gezählte sieben Purzelbäume ließ er mich machen, bevor er in der Dunkelheit abzischte.

Leise fluchend rappelte ich mich hoch und versuchte mich zu orientieren. Die Finsternis war wie ein schwarzes Tuch. Ich konnte nichts erkennen. Das beste schien mir nun, in irgendeiner Richtung loszumarschieren, um wieder zu der Schuppenmauer zu kommen.

Kurz darauf langte ich auch wirklich bei der Mauer an. Aber in welcher Richtung lag nun der Misthaufen? Links oder rechts? Ich wählte die linke Seite und krabbelte hoffnungsvoll dicht neben der Mauer drauflos. Als ich eine Zeitlang so gewandert war und noch immer nicht beim Misthaufen angekommen war, wurde ich stutzig. Ging ich etwa in die verkehrte Richtung? Nach meinem Gefühl müßte ich längst schon den Misthaufen erreicht haben. Es bestand kein Zweifel – ich mußte in die falsche Richtung gegangen sein. Rasch drehte ich mich um und lief den Weg zurück.

Ich ging wohl eine Viertelstunde, aber der verdammte Misthaufen war noch immer nicht zu sehen oder zu riechen. Die Mauer neben mir wollte kein Ende nehmen. Nun bekam ich es ein bißchen mit der Angst zu tun. War die erste Richtung doch die richtige gewesen? Ich hatte vollkommen die Orientierung verloren. Mit klopfendem Herzen ging ich weiter. Schon langsam begann ich meine Flucht zu bereuen. Dummkopf! sagte ich zu mir. Wärst du bei der Spinne geblieben, hättest du dir das alles erspart!

Plötzlich stieß ich an ein Hindernis. Ein großer Stein oder so etwas Ähnliches lag im Weg. Ich kletterte kurzerhand daran empor, und gerade in diesem Augenblick geschah es, daß der Wind die Wolkendecke aufriß und das

Licht des Mondes freigab. Die Wolken liefen zwar schnell wieder zusammen, aber dieser kurze Moment hatte genügt, um mich im Mondlicht orientieren zu können. Ich war tatsächlich in die verkehrte Richtung gegangen. Ich befand mich auf dem gemauerten Treppenabsatz einer Tür. Rechterhand lief die weiße Mauer des Gebäudes schnurgerade weiter, bis sie sich in der Dunkelheit verlor. Die linke Seite wäre die richtige gewesen. Ich glaubte, ganz hinten den Misthaufen undeutlich erkennen zu können. Und noch etwas bemerkte ich in diesem kurzen Moment: Die Tür, vor der ich stand, war einen Spalt breit offen.

18. KAPITEL In der Küche der Menschen

Jetzt, da ich wußte, wie ich zum Misthaufen gelangen könnte, war ich wieder guten Mutes. Und dieses Gefühl der Sicherheit lockte auch gleich die Neugierde in mir hervor. Wenn ich schon hier war, konnte ich mich genausogut in der Wohnung der Menschen umsehen. Außerdem strömten eine Vielzahl von wunderbaren und verheißungsvollen Gerüchen aus dem Türspalt. Diese Gerüche hatten unter anderem unzweifelhaft etwas mit Mehl zu tun. Das gab den Ausschlag. Ich schlüpfte mit angehaltenem Atem durch den Türspalt.

Zu meiner Überraschung war es in dem Raum, den ich nun betrat, heller als draußen. In der hinteren Ecke stand nämlich ein Herd, aus dessen Zugloch ein schwacher rötlicher Lichtschimmer drang. Offenbar befand sich in dem Herd noch etwas Glut. Dieser Lichtschein genügte, um die Einrichtung des Raumes einigermaßen erkennen zu lassen. Nun muß ich aber vorausschicken, daß ich zu diesem Zeitpunkt keinesfalls wissen konnte, was ein Herd ist und wofür er verwendet wird. Auch wußte ich nicht, was ein Tisch, ein Sessel oder ein Geschirrschrank war. Die Bezeichnungen und Verwendungszwecke dieser Gegenstände lernte ich erst später kennen. Und zwar durch die Küchenschaben! Hört zu, wie es weiterging: Wie ihr ganz sicher schon erraten habt, befand ich mich in einer Küche. Ich ging also langsam bis zur Mitte des Raums und betrachtete staunend die Gegenstände und Möbel. Plötzlich flatterte ein Schatten durch das Zimmer, umkreiste mich einmal und landete in einigem Abstand von mir. Ein zweiter Schatten löste sich von der Wand irgendwo im Hintergrund und landete kurz darauf neben dem ersten.

Ich strengte meine Augen an, um herauszufinden, von welcher Art diese Insekten waren. Denn daß es Insekten waren, darüber bestand kein Zweifel. Aber – hatten sie friedliche Absichten, oder mußte ich mit einem Überfall rechnen?

Die zwei Insekten krochen langsam näher. Sie waren etwa doppelt so groß wie ich und hatten auffallend lange Fühler.

»Wer seid ihr?« fragte ich tapfer.

»Ah, es ist nur ein Mehlkäfer!« sagte jetzt das eine Insekt zu dem anderen. Und zu mir gewandt: »Wir sind Küchenschaben. Kennst du uns nicht? Wo kommst du eigentlich her? Ich habe dich nie zuvor hier gesehen.«

»Küchenschaben seid ihr?« sagte ich, und dabei fiel mir ein, daß Babalubo einmal etwas von den Küchenschaben erzählt hatte. Ja, ich erinnerte mich genau. ›Die Küchenschaben wohnen in den Häusern der Menschen‹, hatte Babalubo gesagt. ›Sie benagen in der Nacht alles Genießbare. Die Menschen mögen sie nicht, denn sie fressen mit Vorliebe ihre Speisen an. Sonst sind sie aber harmlos.‹

»Woher ich komme?« sagte ich zu den Schaben. »Ja, das ist eine lange Geschichte ...«

»Weißt du was?« sagte die eine Küchenschabe. »Wir laden dich zum Schmaus ein, und dabei erzählst du uns deine Geschichte. Na, wie klingt das?«

»Meinetwegen«, sagte ich. »Wenn ihr was Gutes anzubieten habt ... Aber ich muß bald wieder gehen ... muß zum Misthaufen zurück. Von dort holt mich morgen eine Libelle ab.«

»Eine Libelle holt dich ab? Das mußt du uns genauer erzählen. Komm mit, auf den Schrank dort hinten. Die Menschenfrau hat heute nämlich einen Topfenkuchen gebacken. Den *mußt* du kosten, er ist einfach herrlich! Sie hat ihn nur mit einem Tuch zugedeckt. Komm, Mehlkäfer!«

Ich folgte den Schaben und kletterte mühelos auf den Schrank. Ja, klettern hatte ich bei der Spinne gelernt. Diese neue Fähigkeit kam mir jetzt zugute. Meine Beine waren immer noch mit der klebrigen »Klettermasse« behaftet, und so stieg ich mit Leichtigkeit die steile Wand empor. Die beiden Küchenschaben waren schon vorausgeflogen, und als ich oben anlangte, sah ich sie bereits an dem Kuchen nagen. Ich gesellte mich zu ihnen, kostete auch von der unbekannten Speise und stellte gleich beim ersten

Bissen fest, daß sie mir schmeckte. Einen Vergleich mit reinem Mehl hielt sie zwar nicht aus, aber immerhin, der Kuchen war mit Mehl gebacken worden, das schmeckte ich deutlich durch. Während wir so schmausten, erzählte ich zwischen den einzelnen Bissen meine bisherigen Erlebnisse.

Plötzlich wurde ich durch ein Geräusch, das aus dem Regal nebenan kam, unterbrochen. »Was ist das?« fragte ich.

»Laß nur«, sagte die eine Schabe. »Das ist Johann, einer von uns. Er sucht wahrscheinlich den Geschirrschrank nach Krümeln ab.«

»Wie viele seid ihr denn?« fragte ich.

»Och, so sieben, nein, acht Leute. Ludwig ist gerade auswärts«, sagte die Küchenschabe. »Also, Mehlkäfer, deine Geschichte ist wirklich erstaunlich«, sagte die andere. »Wenn das alles wahr ist, was du uns da erzählt hast, bist du ja ein weitgereister Käfer. Es wird dir sicher auch gelingen, zu der Mühle zu kommen. Wir wünschen dir jedenfalls alles Gute! Aber, wenn du Mehl so gerne ißt, damit können wir dir auch aufwarten!«

»Was?« rief ich. »Ihr habt Mehl? Und das sagst du mir erst jetzt?«

»Na ja, viel ist es nicht ... Komm mit und schau es dir an.«

Die Küchenschabe führte mich zu einem anderen Schrank, dessen oberste Schublade einen Spalt offen war. »Da drin ist es«, sagte die Schabe. »Es sind noch andere leckere Sachen drinnen. Wir haben Glück, normalerweise ist die Schublade nämlich zu. Kriech rein, Mehlkäfer!«

Ich zwängte mich durch den schmalen Spalt, und die

Schabe folgte mir. In der Lade war es stockfinster, aber ich hatte das Mehl sofort gerochen. In einer Papiertüte fand ich eine kleine Menge. Die Schublade enthielt noch viele andere Tütchen und Säckchen, die größtenteils mit verschiedenartigen Gewürzen gefüllt waren. Das war nichts für mich.

Ich aß ein wenig von dem Mehl, aber ich hatte keinen Hunger mehr, da ich mir vorhin den Bauch mit dem Topfenkuchen vollgeschlagen hatte.

Die Küchenschabe raschelte in der hinteren Ecke herum. »Mehlkäfer, komm her und koste einmal davon!« rief sie. »Das kennst du sicher nicht!«

Ich tastete mich zu ihr hin und kostete von dem Pulver, das mir die Schabe zeigte. Es hatte tatsächlich einen interessanten Geschmack. »Was ist das?« fragte ich.

»Puddingpulver«, antwortete die Küchenschabe.

Wir aßen eine Weile. »Pühhh!« sagte ich dann, »ich kann nicht mehr. Ich bin voll bis obenhin. Also, ich muß schon sagen, ihr lebt hier im reinsten Schlaraffenland.«

»Na ja«, sagte die Schabe, »ganz so einfach ist unser Leben auch wieder nicht. Du darfst nicht vergessen, daß wir uns hier mitten in der Wohnung der Menschen befinden. Die Menschen lieben uns nicht gerade, wie du dir vorstellen kannst. In Wirklichkeit führen wir ein sehr gefährliches Leben. Tagsüber müssen wir uns gut verstecken. Das ist die Zeit der Menschen. Wenn sie uns erwischen, ist es um uns geschehen. Aber Gott sei Dank schlafen sie in der Nacht, und das ist dann unsere Zeit. Manchmal allerdings versperren sie ihre Speisen in den Schränken, und es ist schon vorgekommen, daß wir tagelang rein gar nichts zu essen hatten. Heute ist ein ausgesprochener Glückstag ... Der Kuchen auf dem Schrank und hier die Gewürzlade offen ... Das kommt nicht oft vor.«

Wir hatten es uns in der duftenden Schublade bequem gemacht, und die Küchenschabe erzählte mir viele interessante Dinge über die Menschen. Über ihre Gewohnheiten, über ihre seltsame Art, die Speisen zuerst zu kochen, bevor sie sie essen, und über ihre Abneigung allen kriechenden Insekten gegenüber. »Weißt du, wie sie uns bezeichnen?« fragte die Schabe. »Ungeziefer! Ja, Ungeziefer sind wir in ihren Augen, mehr nicht ...«

Plötzlich ließ uns ein scheppernes Geräusch zusammenfahren. Das Geräusch kam von der Geschirrstellage. Es klang so, als ob ein blechernes Geschirrstück hintergefallen wäre. »Das war sicher Johann, dieser Dummkopf!« flüsterte die Küchenschabe ärgerlich, und eine Spur von Angst lag in ihrer Stimme. »Hoffentlich haben die Menschen nichts gehört. Immer muß er zwischen dem Geschirr umherkriechen, obwohl er weiß, wie leicht da Lärm entstehen kann.«

Die Schabe hatte das kaum gesagt, da hörten wir die brummenden Laute einer menschlichen Stimme, begleitet von schlurfenden Schritten, die näherkamen. Plötzlich hörten wir das Klicken eines Lichtschalters, und im selben Moment fiel ein greller Lichtbalken durch den Spalt in die Schublade.

Die Küchenschabe zog mich rasch hinter eine Papiertüte. »Still jetzt!« flüsterte sie.

Die brummende Stimme des Menschen wurde lauter, dann hörten wir, wie er das heruntergefallene Geschirr aufhob und in die Stellage zurückstellte. Die Schritte hielten inne, eine Weile hörten wir nur das laute Atmen des Menschen, und dann hörten wir voll Entsetzen, wie der Mensch in unsere Richtung stapfte. Ich hielt den Atem an. Genau vor dem Schrank, in dem wir uns befanden, blieb er stehen. Die Lade wurde mit einem Ruck ein Stück herausgezogen – ich konnte förmlich die fürchterlichen Blicke des Menschen spüren –, aber nach einigen bangen Sekunden schob der Mensch die Lade wieder zu. Ich atmete erleichtert auf. Die schlurfenden Schritte entfernten sich, der Lichtschalter klickte wieder, eine Tür wurde geschlossen, und dann war es wieder still.

»Das wäre noch einmal gutgegangen«, sagte ich zu der Schabe.

»Gutgegangen?« sagte die Schabe bitter. »Ja, entdeckt hat er uns nicht, aber sieh doch: Wir sind eingeschlossen! Er hat die Lade ganz zugeschoben ...«

Nun merkte ich es auch. Eine kalte Hand griff an mein Herz, die Angst kam wie eine kalte Dusche über mich. Wir waren eingeschlossen, und ich mußte doch am Morgen beim Misthaufen sein! Ich kroch wie ein Wahnsinniger zu der vorderen Wand der Lade und suchte verzweifelt einen Spalt, durch den ich ins Freie gelangen könnte. Ich kratzte und schob wie ein Besessener, aber es half alles nichts.

»Nur keine Panik, Mehlkäfer!« sagte die Küchenschabe. »Die Lade bringst du nicht auf. Wir müssen warten, bis sie der Mensch wieder öffnet, etwas anderes bleibt uns nicht übrig. Genauer gesagt: Wir müssen abwarten, bis der Mensch die Lade aufzieht und dann wieder einen Spalt offen läßt. Erst dann dürfen wir riskieren, hinauszuklettern. Die Menschen dürfen uns dabei nicht entdecken, denn das wäre unser sicheres Ende. Aber mach dir nichts draus. Hier haben wir Futter, mehr als genug. Das reicht sicher für einen Monat, und während der Zeit wird schon eine gute Gelegenheit kommen. Also, Kopf hoch, Mehlkäfer!«

»Ja, du hast leicht reden«, sagte ich. »Aber ich, ich werde doch von der Libelle abgeholt! O verdammt, immer muß etwas schiefgehen! Ich bin ein richtiger Pechvogel.«

»Komm, Mehlkäfer, iß etwas Backpulver, das beruhigt die Nerven«, tröstete die Schabe. »Mit etwas Glück bist du am Morgen wieder frei. Nur Mut! Zuviel Schwarzseherei zieht das Unglück nur an, und das können wir jetzt nicht brauchen!«

Ich mußte der Küchenschabe recht geben. Also naschte ich etwas von dem scharfen Backpulver und fühlte mich nachher wirklich ruhiger.

Wir suchten uns nun ein besonders gutes Versteck, in dem wir vollkommen sicher waren und gleichzeitig den Ausgang beobachten konnten. Die Schabe versuchte, mich noch mehr aufzumuntern, indem sie mir amüsante Geschichten aus ihrem Leben erzählte. So verging die Nacht. Den Anbruch des Tages merkten wir durch die dünnen Lichtstrahlen, die durch die winzigen Spalten in die Schublade fielen. Und es dauerte nicht lange, da hörten wir die Stimmen und Schritte von mehreren Menschen. Geschirrgeklapper wurde laut, wir hörten, wie sie ein knisterndes Feuer im Herd anzündeten, und mehr als einmal näherten sich die Schritte unserem Gefängnis. Aber dabei blieb es auch. Die Lade wurde nicht geöffnet. Ich war furchtbar aufgeregt. Eine große Unruhe hatte sich meiner bemächtigt. Da half auch kein Backpulver mehr. Immer wieder mußte ich daran denken, daß Flirr mich bald abholen kommen würde.

Der ganze Vormittag verging, ohne daß die Lade geöffnet wurde. Und dann, um die Mittagszeit – an den Geräuschen draußen merkten wir, daß die Menschen beim Mittagessen saßen –, war es soweit. Die Lade wurde aufgezogen, zwei Hände nahmen eine Gewürztüte heraus und – schoben die Lade wieder zu. Zu meiner grenzenlosen Enttäuschung blieb auch diesmal kein Spalt frei.

Um es kurz zu machen: Wir saßen zwei volle Tage und zwei Nächte in der Gewürzlade gefangen. Flirr mußte vergeblich auf mich gewartet haben. Ich hatte jede Hoffnung aufgegeben, ihn je wiederzusehen.

Am Abend des zweiten Tages wurde die Schublade dann endlich geöffnet und nur bis auf einen Spalt zugeschoben. Die Schabe und ich warteten ab, bis es draußen still geworden war, und zwängten uns dann durch den schmalen Spalt ins Freie.

Das war ein Gefühl! Es war, als ob ich von den Toten auferstanden wäre! Die anderen Küchenschaben umringten uns und freuten sich, daß wir das Abenteuer so glimpflich überstanden hatten. Ja, ich war frei. Aber ich wußte nicht, was ich mit meiner wiedergewonnenen Freiheit anfangen sollte. Ich war damals stimmungsmäßig wirklich in einer schlechten Verfassung. Die letzten Wochen waren sehr aufregend und turbulent gewesen, und die Auswirkungen dieser Gemütsbelastungen wurden erst jetzt so richtig spürbar. Mit der gescheiterten Flugreise zur Mühle, die ich mit dem Maikäfer unternommen hatte, waren die Ereignisse ins Rollen gekommen. Schmatzimilians rätselhaftes Verschwinden, Fritz, der sich unter einem Stein verkrochen hatte, die Flugreise mit der Libelle und ihr Absturz, die »Zwangsarbeit« bei der alten Spinne und schließlich die Gefangenschaft in dieser verdammten Schublade. Ohne jegliche Aussicht, meine Freunde wiederzusehen oder zu der Mühle zu gelangen, stand ich da. Bei den Küchenschaben wollte ich auf keinen Fall bleiben. Sie waren zwar nicht unsympathisch, aber die gefahrvolle Nähe der Menschen behagte mir nicht. Ich konnte mir nicht vorstellen, unter solchen Bedingungen ein einigermaßen annehmbares Leben führen zu können.

Ich sagte das alles den Küchenschaben. Die guten Leute hatten vollstes Verständnis für meine Lage und zerbrachen sich die Köpfe, wie sie mir am besten weiterhelfen könnten. Schließlich hatte eine Schabe eine Idee, die mir sofort gefiel: »Soviel ich verstanden habe, suchst du einen ruhigen Platz, bestenfalls mit ausreichend Mehl in der Nähe und der Aussicht, fliegende Insekten kennenzulernen, die dich zu der Mühle fliegen könnten?« sagte sie.

Ich nickte. »Genau das ist es, was ich brauchen würde.«

»Nun, ich wüßte so einen Platz!« sagte sie. »Er ist ganz in der Nähe.« Die Schabe zeigte auf die Decke der Küche. »Genau über uns ist der Dachboden, und soviel ich weiß, haben dort die Menschen ihre Mehlvorräte gelagert. Ruhig ist es dort oben auch, und wenn du durch die Dachluke kletterst, kannst du leicht Kontakt mit fliegenden Insekten aller Art aufnehmen!«

Ja, das schien mir in meiner jetzigen Lage das beste zu sein, was ich tun konnte. Ich beschloß, mir den Dachboden des Hauses anzusehen. Aber wie dort hinaufgelangen? Eine Reihe von neuen Problemen stand diesem Vorhaben im Weg. Zuerst einmal mußte ich wieder ins Freie kommen.

Ich mußte weitere zwei Tage in der Küche bei den Schaben bleiben, bis sich die richtige Gelegenheit bot. Endlich war die Tür wieder einen Spalt breit offen, und ich konnte die Küche verlassen. Eine Küchenschabe zeigte mir die Leiter, die weiter vorne im Hof an der Hausmauer lehnte.

Ich verabschiedete mich von den Küchenschaben und marschierte die Hausmauer entlang, bis ich bei der Leiter anlangte.

19. KAPITEL Der Dachboden

Es war wieder eine windige Nacht, genau wie vier Tage vorher. Der Wind pfiff durch die Sprossen der Leiter. Ich mußte meine ganzen Kräfte aufbieten, um nicht heruntergerissen zu werden. Es war ein schwieriger Aufstieg. Aber schließlich hatte ich es doch geschafft. Am Ende der Leiter war der Eingang zum Dachboden. Er war zwar verschlossen, aber die alte Tür war sehr morsch und hatte viele Ritzen und Spalten, durch die ich mühelos hindurchkriechen konnte. Ich suchte mir gleich einen stillen Platz und fand ihn zwischen einer langen Reihe von Farbdosen, die in einer Ecke standen. Ein dicker Pinsel lag hier auf dem Boden. Seine weichen, buschigen Haare waren wie geschaffen für ein molliges Käferbett. Ich kroch also in den Pinsel, und sofort überkam mich ein wohliges Gefühl.

Die nähere Erkundung des Dachbodens hatte ich mir für den nächsten Tag vorgenommen. Der Wind pfiff schaurig über das Dach. Ich kuschelte mich in die Pinselhaare und schlief mit angenehmen Gedanken ein.

Als ich am nächsten Morgen aufwachte, hatte ich großen Hunger. Ich kroch aus meinem Nachtlager und machte mich auf die Suche nach dem Mehl, das nach den Angaben der Küchenschabe hier irgendwo sein mußte.

Um es gleich vorwegzunehmen, damit kein Irrtum entsteht: Der Dachboden, auf dem ich mich jetzt befinde, da ich diesen Bericht niederschreibe, ist ein ganz anderer! Erst viel, viel später kam ich hierher. Damals war ich ja ein junger Bursche, und heute bin ich ein alter Käfer. Viele,

viele Erlebnisse und Abenteuer liegen dazwischen, und ich weiß im Moment noch nicht, ob ich jemals die Kraft aufbringen werde, das alles aufzuschreiben.

Doch hört zu, was ich weiter erlebte! Ich war also aus dem Pinsel gekrochen und hatte mich auf die Suche nach den Mehlvorräten der Menschen gemacht. Es war ein etwas bewölkter Tag. Wind ging auch. Er pfiff und heulte zwischen die Dachziegelritzen, stellenweise war es richtig zugig. Der Dachboden barg viel Gerümpel. Lauter Gegenstände, welche die Menschen nicht mehr brauchen konnten und deren Funktion ich nicht einmal ahnen konnte.

Ich mußte nicht lange suchen. In einer aufgeräumten

Ecke, unweit des Eingangs, fand ich den Mehlsack. Sein Anblick tat mir wohl. Hier war es also zum Aushalten. Damit hatte ich alles, was ich zum Leben brauchte. Der papierene Mehlsack hatte an einem Zipfel ein kleines Loch, durch das das Mehl hervorschimmerte. Es war sehr einfach, das Loch zu vergrößern.

Ich aß nach Herzenslust.

Die folgenden Tage und Wochen verbrachte ich damit, den geräumigen Dachboden zu erkunden. Dabei lernte ich eines Tages neue Freunde kennen. Im hinteren Teil des Dachbodens fand ich nämlich einen alten Kleiderschrank. Er war angefüllt mit alten Kleidern, Jacken, Hosen und verschlissenen Stoffen. Sogar ein schäbiger Pelzmantel hing in dem Schrank. Und in diesen alten Lumpen wohnten ungefähr dreißig Motten. Ich freundete mich rasch mit diesen äußerst liebenswürdigen Insekten an. Sie lebten hier sehr angenehm und waren sehr zufrieden. Kein Mensch störte sie jemals, und sie hatten ebenfalls alles, was sie brauchten.

Bald hatte sich eine schöne Nachbarschaftsbeziehung zu ihnen entwickelt, und ich besuchte sie nahezu jeden Tag.

Ich lernte auch noch ein paar Holzwürmer kennen, die ebenfalls äußerst angenehme Burschen waren. Mit der Zeit begann ich Gefallen an meinem neuen Leben zu finden.

An den sonnigen Herbsttagen, die nun folgten, kletterte ich oft durch eine Luke aufs Dach hinaus, ließ mich von den Sonnenstrahlen wärmen und beobachtete die Vögel, wie sie sich zu ihrer weiten Reise nach dem Süden sammelten. Manchmal ertappte ich mich auch dabei, wie ich den Himmel nach Flirr absuchte. Aber ich sah die Libelle nie mehr wieder. In solchen Momenten spürte ich auch Heimweh, aber dieses Gefühl verging rasch. Der Dachboden war zu meinem neuen Zuhause geworden.

Der Herbst ging dem Ende zu, das Wetter wurde von Tag zu Tag unfreundlicher und kälter. Der Winter stand vor der Tür. Und eines Morgens, als ich steif und fröstelnd aus dem Pinsel kroch, sah ich dicke, pelzige Schneeflocken durch die Dachluke schweben.

Das war der Beginn eines langen, kalten Winters. Ich aß mich noch einmal mit Mehl an und ging dann zu den Motten in den Kleiderschrank. Schon Wochen vorher

hatte ich mit ihnen ausgemacht, daß ich bei ihnen im warmen Pelzmantel den Winter verbringen würde.

Die Motten hatten wunderbar mollige Nester in die dichtesten Stellen des Pelzmantels gesponnen. In einem dieser Nester, zusammen mit vier Motten, verbrachte ich den Winter. Die meiste Zeit schliefen wir, aber manchmal, an den wenigen milden Wintertagen, wachten wir auf und erzählten uns Geschichten. Es ist wunderschön, den Winter an einem geschützten, heimeligen Ort zusammen mit guten Freunden zu verbringen.

Wir hielten unseren Winterschlaf bis in den April hinein. Erst dann verließ ich die Mottenfreunde und übersiedelte wieder in meinen Pinsel. Das Mehl war noch vorhanden, und ich nahm meine früheren Lebensgewohnheiten wieder auf.

Der April brachte sehr viel Regen, aber auch viele warme Tage. Und bald war der Mai im Land, der herrliche, wundervolle Mai! Der Wind trug die berauschenden Düfte der blühenden Bäume und Pflanzen zu uns in den Dachboden herein. Ich kletterte wieder öfter auf das Dach hinaus und genoß die Aussicht über das grünende und blühende Land.

Die Zeit verging wie im Fluge, und dann kam der Juni und mit ihm der Sommer. Die Zeit der Insekten, der Fliegen, der Mücken, der Bienen, der Libellen, der Schmetterlinge und wie sie alle heißen. Ich bekam plötzlich starkes Heimweh nach dem Tümpel und dem Maulbeerbaum. So lange war ich nun schon von zu Hause weg! Ein ganzes Jahr war vergangen, seit ich auf dem Rücken von Flirr den Maulbeerbaum verlassen hatte.

Ich kletterte nun jeden Tag aufs Dach hinaus, in der

geheimen Hoffnung, daß ein fliegendes Insekt neben mir landen und mich zum Maulbeerbaum tragen möge. Was wohl Fritz jetzt machte? Mein Heimweh wurde immer größer. Aber keins der fliegenden Insekten bemerkte mich auf dem Dach. Später kam ich dann darauf, daß die Dachziegel dieselbe Farbe wie mein Rückenpanzer hatten. Ohne daß ich es wollte, war ich durch meine »Tarnfarbe« für sie unsichtbar gewesen.

20. KAPITEL Der Schönheitswettbewerb

Eines Sommertages kam eine Motte aufgeregt durch den Dachboden geflattert und landete neben mir auf dem Mehlsack. »Mehli, ich habe eine tolle Neuigkeit!« sprudelte sie hervor. »Ein entfernter Verwandter von uns, ein Apfelwickler (kleiner Schmetterling) war heute morgen bei uns und hat die Nachricht gebracht. Stell dir vor, in zwei Tagen wird ein großer Schmetterlingsschönheitswettbewerb veranstaltet! Und weißt du, wo? Auf dem Dach unseres Hauses! Ist das nicht wundervoll? Stell dir vor, was da los sein wird! Die schönsten Schmetterlinge des Landes werden kommen – und das alles vor unserer Haustür!

Einer von uns wird auch an dem Wettbewerb teilnehmen – Richard Hermelin, du kennst ihn. Er ist unsere schönste Motte. Wir haben zwar so gut wie keine Chance, bei dieser Konkurrenz einen Preis zu gewinnen, aber dabeisein ist alles!«

»Ja, das ist wirklich eine tolle Neuigkeit! Wann genau soll die Sache stattfinden?« fragte ich.

»Übermorgen, am späten Nachmittag«, sagte die Motte. »Weißt du, die Sache ist so geplant, daß die Tagschmetterlinge sowie die Nachtschmetterlinge daran teilnehmen können. Das heißt, beim letzten Sonnenlicht werden die Tagschmetterlinge auftreten, und mit der einsetzenden Dämmerung werden die Nachtschmetterlinge kommen.«

»Aha«, sagte ich. »Das ist wirklich klug ausgedacht. Wer hat den Wettbewerb eigentlich organisiert?«

»Die Hummeln!« sagte die Motte. »Es war die Idee der Hummeln. Die Schmetterlinge waren natürlich gleich begeistert davon, wie du dir vorstellen kannst. Ich finde die Idee ganz bezaubernd. So etwas hat es noch nicht gegeben.«

»Und was wird der erste Preis sein?« fragte ich.

»Preis – es gibt eigentlich keinen richtigen Preis, wie du dir das vielleicht vorstellst. Der Gewinner des Wettbewerbs ist ganz einfach der schönste Schmetterling des Sommers. Er bekommt bestätigt, daß er der schönste ist, und das genügt doch, oder?«

»Ja, wenn man es so betrachtet, hast du natürlich recht.«

Ich konnte die Veranstaltung kaum erwarten. Insgeheim hegte ich die Hoffnung, Flirr, die Libelle, bei dem Fest zu treffen.

Ich verging fast vor Ungeduld. Auch unter den Motten im Kleiderschrank herrschte während dieser zwei Tage vor dem Fest beträchtliche Aufregung. Plötzlich wollten außer Richard Hermelin noch weitere fünf Motten an dem Schönheitswettbewerb teilnehmen. Sie waren zwar nicht so groß und schön wie Richard, aber sie wollten unbedingt auch dabeisein. Sie aßen während der zwei Tage die feinsten und zartesten Haare des Pelzmantels, um noch geschwind den begehrten Seidenglanz auf ihren Flügeln zu bekommen.

Und dann kam der große Tag! Schon in aller Frühe konnte man beobachten, daß ungewöhnlich viele fliegende Insekten die Luft in der Umgebung unseres Hauses bevölkerten. Es waren meistens kleine Tiere; hauptsächlich Stechmücken und Fliegen, aber auch viele Kleinschmetterlinge waren unter ihnen. Die Kunde von dem Schönheitswettbewerb mußte weit die Runde gemacht haben; denn ich bemerkte auch viele Eintagsfliegen, die normalerweise nur in der Nähe des Sees anzutreffen waren. Die Hoffnung, Flirr wiederzusehen, war also mehr als berechtigt!

Nach dem Mittagessen kletterte ich durch die Luke aufs Dach hinaus, um mir einen schönen Platz zu sichern, von dem aus ich das ganze Geschehen gut überblicken konnte. Das Wetter spielte mit – es herrschte strahlender Sonnenschein über einem wolkenlosen Himmel. Zudem war vollkommene Windstille.

Ich fand einen schattigen Platz in der Nähe des Rauchfangs und hockte mich dort in die Spalte eines angeknacksten Dachziegels.

Der »Luftverkehr« rund um das Dach hatte seit dem Morgen noch mehr zugenommen. Ganze Schwärme von Mücken tanzten erwartungsvoll längs des Dachfirstes in der Luft, und übermütige Kohlweißlinge (weiße Schmetterlinge) machten sich einen Spaß daraus, mitten unter sie zu flattern und für kurze Zeit lustige Unordnung zu stiften.

Einige Bienen sah ich auch. Sie waren wohl noch bei ihrer Arbeit, denn sie flogen blütenstaubbeladen vorüber, neugierige Blicke auf das zunehmende Gewimmel über unserem Dach werfend. Zum Fest würden sie sicher von ihrer Königin einen Kurzurlaub bekommen.

Die Stunden vergingen, und immer mehr Insekten kamen angeflogen. Sogar unten, im verwilderten Garten des Nachbarhauses, war ein Publikumszuwachs festzustellen. Ganze Legionen von Grillen mußten sich dort versammelt haben. Ihr Konzert schwoll immer mehr an und bildete eine passende musikalische Untermalung der kommenden Ereignisse.

Nun würde es nicht mehr lange dauern, bis die ersten Schmetterlinge eintreffen würden.

Zwei Mottenfreunde hatten sich zu mir gesetzt. In freudiger Erregung beobachteten wir den Zirkus rund um uns. Scherzworte flogen hin und her, Mutmaßungen wurden angestellt, wer den Wettbewerb gewinnen könnte.

Ja, und dann kamen die Hummeln! In einer geordneten Reihe, die ihre Wichtigkeit und Würde noch unterstrich, kamen sie geflogen. Ungefähr fünfzehn pelzige, braunschwarze Körper mit eindrucksvoll brummenden Flügeln. Die Hummeln landeten auf dem First des Daches, und der Häuptling oder Vorsitzende schickte gleich darauf einige seiner Leute aus, damit sie etwas Ordnung in der Luft um das Dach schafften. Die Mückenschwärme wurden angewiesen, den Luftraum über dem Dach zu verlassen, und die ankommenden Bienenschwärme wurden gebeten, auf dem Dach Platz zu nehmen. Immer mehr Insekten kamen nun: Pferdefliegen, glänzend-blaue Schmeißfliegen, grünschillernde Goldfliegen, Schlupfwespen, Gallwespen,

Beerenwanzen, Köcherfliegen und auch fünf oder sechs Libellen sah ich durch die Luft zischen. Es gab mir einen freudigen Stich, als ich sie sah. War Flirr dabei? Leider waren sie zu weit weg.

Freunde, ich war furchtbar aufgeregt. So viele Insekten!! Ich wußte gar nicht, wo ich als erstes hinsehen sollte. Das war ein Gewimmel, Gesause, Gesumme, Gebrumm und Gezische! Die Hummeln hatten echte Schwierigkeiten, die ankommenden Insekten unter Kontrolle zu bringen und ihnen einen Platz zuzuweisen. Schließlich erboten sich die Honigbienen, ihnen bei dem Ordnerdienst zu helfen. Bald darauf hatte tatsächlich jeder seinen Platz gefunden. Man sah kaum noch die Dachziegel, so viele Insekten hatten sich darauf niedergelassen.

Das Dach war eine bunte, schillernde und glitzernde Fläche geworden. Unzählige Flügelpaare schimmerten in der Sonne. Allein das war schon ein sehenswerter Anblick. Aber wo blieben die Hauptpersonen des Festes? Ich hatte noch keinen einzigen der großen Schmetterlinge gesehen. Die Motte neben mir stupste mich in die Seite. »Schau! Dort drüben sind sie!« rief sie. Ich folgte ihrem Blick. Weiter hinten, im Hof des Nachbarhauses, stand eine große, blühende Holunderstaude. Ich mußte zweimal blinzeln, bis ich den atemberaubenden Anblick voll aufnehmen konnte. Die ganze Oberfläche des Holunderstrauchs war eine bunte, wogende, leuchtende und schillernde Bewegung. Hunderte von den verschiedensten Schmetterlingen saßen dort auf den Zweigen und Blättern und warteten auf das Startzeichen zum Beginn des Schönheitswettbewerbs. Ich konnte mich nicht sattsehen.

Und dann begann der Schönheitswettbewerb der Schmetterlinge!

Eine Hummel gab das Startzeichen, indem sie tief brummend einen senkrechten Kreis in der Luft beschrieb. Von der Holunderstaude flog ein einzelner Schmetterling auf, stieg in die Höhe unseres Daches empor und schwebte schaukelnd an uns vorüber. Es war ein wunderhübsches Tagpfauenauge. Gewiß der Schönste seiner Gattung. Braun, rot, gelb, schwarz leuchteten seine Flügel, und er verstand es vorzüglich, seine prächtige Färbung während des Fluges zu präsentieren, ohne daß es eitel oder gekünstelt gewirkt hätte.

Rechts von uns, in einer langen Reihe auf dem höchsten Punkt des Daches, saß die Hummeljury. Das Tagpfauenauge schwebte an ihnen vorbei. Kräftiger Applaus ertönte. Die wohl in die Tausende gehende Menge von Insekten auf dem Dach schlug begeistert mit ihren Flügeln. Ein tosendes Gesurre und Gebrumme, in dem selbst das Konzert der Grillen unterging.

Das Tagpfauenauge war kaum hinter dem Giebel verschwunden, als auch schon der nächste Schmetterling dahergaukelte. Diesmal war es ein prächtiger Admiral. Die roten Stellen auf seinen bräunlichen Flügeln leuchteten unwahrscheinlich intensiv. Es war ein Erlebnis, ihm beim Flug zuzusehen. Wieder ertönte Applaus.

Nach dem Admiral kam ein zart-gelber Zitronenfalter, dann ein schwefelgelber, mit schwarzen Längsstreifen gezierter Segelfalter, danach ein kleiner Fuchs, ein schillernder Bläuling, ein Distelfalter, ein bunter Perlmutterfalter, ein eleganter Baumweißling, ein zierlicher Kohlweißling, ein wunderhübscher Schwalbenschwanz, und so ging das weiter – eine schier endlose Reihe von Schmetterlingen, einer schöner als der andere. Die Hummeljury würde es hier schwer haben, den schönsten Schmetterling auszuwählen. Bewertet wurde nicht nur die Färbung der Flügel, größtes Augenmerk wurde auch auf die Darbietung, auf die Art des Fluges gelegt. Kurzum, es war herrlich! Die Stimmung der Zuschauer hatte ihren Höhepunkt erreicht, als die Nachtschmetterlinge auftraten. Gerade zur richtigen Zeit! Die Sonne hing wie ein goldener Ball am westlichen Himmel und schickte fast waagrecht ihre Strahlen herüber. In diesem verzaubernden Licht tanzten unter »Aaaaah«- und »Oooooh«-Rufen der

Zuschauer die Nachtfalter vorbei. Die Pracht wollte kein Ende nehmen. Die Nachtschmetterlinge hatten im Vergleich mit den Tagschmetterlingen viel plumpere Körper, aber das glichen sie durch elegante Flugbewegungen aus. Sie waren auch bedeutend größer, und die bunte Färbung ihrer hinteren Flügelpaare stand in nichts den prächtigen Farben der Tagschmetterlinge nach.

Ganz zum Schluß des atemberaubenden Zuges kamen die Motten. Sie waren zu sechst. An ihrer Spitze flog Richard Hermelin. Sie machten ihre Sache wirklich gut und bekamen auch kräftigen Applaus. Meine Mottenfreunde rechts und links von mir zerfransten sich beinahe vor lauter Applaudieren.

Ja, nun war die Vorstellung vorüber, und während die Hummeljury die Gewinner ermittelte, sammelten sich alle Schmetterlinge, die an dem Wettbewerb teilgenommen hatten, zu einem einzigen schillernden, flatternden und flimmernden Schwarm und flogen unter Hoch-Rufen der Zuseher eine langsame Runde um das Dach. Dann landeten sie wieder auf dem Holunderstrauch und warteten schwatzend auf die Bekanntgabe der Gewinner.

Ich versuchte unter den vielen Insekten auf dem Dach die Libellen zu erkennen. Es wäre doch mehr als ärgerlich gewesen, wenn Flirr anwesend gewesen wäre und wir uns nicht getroffen hätten. Auch wenn Flirr nicht hier war, so wollte ich wenigstens mit einer der Libellen sprechen, vielleicht könnte sie ihm eine Nachricht überbringen.

Als ich so über die glitzernde Menge schaute, die das Dach bevölkerte, und angestrengt nach einem Paar Libellenflügel Ausschau hielt, trat plötzlich eine Veränderung ein. Irgend etwas war plötzlich anders. Ich bemerkte das

eher unbewußt, denn meine ganze Aufmerksamkeit galt den Libellen. Und dann wußte ich mit einem Mal, was sich verändert hatte! Es war plötzlich merkwürdig still geworden. Das Summen und Murmeln und Plappern der vielen hundert Insekten auf dem Dach war verstummt. Sogar die Grillen unten im Garten hatten ihr Gezirpe eingestellt. Jetzt merkte ich auch, daß sie alle wie gebannt in eine Richtung schauten.

Verwundert hob ich den Kopf – ja, und dann sah ich das Wunder auch! Aus östlicher Richtung, bestrahlt von den letzten goldenen Strahlen der Sonne, war ein Schmetterling aufgetaucht. Das Flattern seiner Flügel war kein

Flattern, sondern ein weiches, elegantes, unendlich elegantes Schwingen. Er war sehr groß. Viel größer als der größte Schmetterling, der an dem Wettbewerb teilgenommen hatte. Seine ganze Erscheinung hatte etwas Majestätisches an sich. Es war, als ob der Kaiser aller Schmetterlinge höchstpersönlich daherschwebte.

Fasziniert starrte ich auf den näherkommenden Riesenschmetterling. Aber das eigentlich Erstaunliche war die Färbung seiner breiten Flügel. Die Hauptfarbe war ein leuchtendes Blaßrosa und ein magisch schillerndes Blaugrün oder Grünblau. Diese beiden Farben zogen sich abwechselnd in unregelmäßigen Streifen über die Oberfläche der Flügel. Bei genauerem Hinsehen bemerkte ich, daß zwischen den rosa und den blaugrünen Streifen noch ein schmales Band von Gelb lag. Was der ungewöhnlichen Flügelfärbung und Musterung jedoch die Krone aufsetzte, waren die kleinen, glühendroten Punkte, die in den schillernden, blaugrünen Streifen saßen. Die flachen Sonnenstrahlen brachten diese Punkte zum Leuchten, und es sah aus, als ob der Schmetterling mit Ketten von glühenden Rubinen behangen wäre. Wunderbar sah er aus. Umwerfend schön!

Der ungewöhnliche Schmetterling schwebte sorglos heran. Noch hatte er die vielen Insekten auf dem Dach nicht bemerkt; denn die Sonne schien ihm ins Gesicht. Während er so näherkam und das Wunder seiner Schönheit noch deutlicher wurde, hatte ich plötzlich eine tiefe, fast erschreckende Erkenntnis! – Doch nein, ich mußte mich getäuscht haben. Ich verdrängte den phantastischen Gedanken noch im selben Moment. Doch gleich darauf kehrte er mit größerer Heftigkeit wieder ...

Wartet einen Moment, ich werde euch gleich sagen, was mich an dem Schmetterling so in Aufregung versetzt hatte. Jetzt hört zu, was nun passierte: Die gaffende Insektenmenge auf dem Dach hatte sich von ihrer Verblüffung und Erstarrung erholt. Ein vielstimmiges Geraune und Gemurmel brach los und schwoll schnell zu einem begeisterten Gelärm und Geschrei an. Der wunderbare Schmetterling erschrak und schien sekundenlang in der Luft stehenzubleiben. In den nächsten Augenblicken sah er sich von Hunderten von fliegenden Insekten umringt. Es war das tollste Tohuwabohu, das ich je erlebt hatte. Die Luft war erfüllt von Begeisterungsschreien, von Gesumm und Geflatter. Der arme Schmetterling wußte wohl nicht, wie ihm geschah. Zudem waren nun auch die vielen Schmetterlinge von der Holunderstaude herübergeflogen und umflatterten ebenfalls die flimmernde Traube, in deren Mitte sich irgendwo der große Schmetterling befinden mußte.

Unter viel Mühe gelang es schließlich den Hummeln und den Honigbienen, wieder einigermaßen Ordnung zu schaffen. Der fremde Schmetterling hatte sich auf dem Dachfirst niedergelassen und sprach nun mit dem Anführer der Hummeln. Was sie sprachen, konnte ich nicht hören, da noch immer großer Lärm und große Aufregung herrschten. Ich hatte meinen Sitzplatz verlassen und war auf den Dachfirst hinaufgeklettert. Ich mußte mir unbedingt den Schmetterling aus der Nähe ansehen. Aber ich war nicht der einzige, der das wollte. Je näher ich dem Urheber der Begeisterung kam, desto dichter wurde das Gedränge. Ich mußte höllisch aufpassen, nicht in die Tiefe gestoßen zu werden. Der Dachfirst war schmal und gerundet, und die vielen Insekten um mich herum beachteten mich nicht. Jeder wollte nur in die Nähe des Schmetterlings kommen. Weit kam ich nicht. Ich blieb richtig in der Menge stecken, wurde herumgeschubst und hatte zu tun, um nicht abzurutschen.

Dann gelang es den Hummeln, für einen Moment Ruhe zu schaffen. Ich hörte, wie das Oberhaupt der Hummeln mit lauter, kerniger Stimme eine kurze Rede hielt. Er gab den Gewinner des Schmetterlingsschönheitswettbewerbs bekannt. Überflüssig zu sagen, wer es war. Natürlich der wunderbare fremde Schmetterling!

Die Hummel gab auch die zweiten und die dritten Plätze des Wettbewerbs bekannt. Bei den Tagschmetterlingen erhielt den zweiten Platz der Admiral und den dritten der Zitronenfalter. Von den Nachtschmetterlingen erhielten diese beiden Plätze ein Bärenspinner und ein Wolfsmilchschwärmer. Angesichts des schönen großen Schmetterlings hatten die Tag- sowie die Nachtschmetterlinge einen ersten Platz verweigert. Der Sieger war gewählt, der schönste Schmetterling des Landes!

Verärgert und fast schon verzweifelt versuchte ich wieder, mich nach vorne durchzudrängen. Ach, wenn ich doch nur fliegen könnte!

Bravo-Rufe und Begeisterungsgeschrei waren nach dieser Bekanntgabe der Jury aufgebrandet. Und dann wurde es wieder ruhiger. Die Insekten nahmen wieder ihre alten Plätze ein, denn nun folgte der letzte Teil des Schönheitswettbewerbs: Der Vorbeiflug der Auserwählten! Ich nützte diesen Moment, um mich in die Nähe der Hummeln zu schleichen, denn ich hoffte, daß ich dort nach Ende der Festivität den großen Schmetterling treffen würde.

Inzwischen war die Sonne beträchtlich weitergesunken. Die letzten Strahlen, die sie über die Dächer sandte, reichten gerade noch aus, um die Schönheit der Gewinner noch einmal sichtbar zu machen. Gespannt erwartete ich den Auftritt des großen Schmetterlings. Zuerst flog der Admiral vorbei, der Zitronenfalter folgte, dann schaukelte der Bärenspinner heran und nach ihm kam der Wolfsmilchschwärmer. Sie wurden von begeistertem Applaus begleitet. Und dann, ganz zum Schluß, schwebte der fremde Schmetterling vor dem Publikum vorbei.

Wieder gab es mir diesen Stich ... Diese Farben, diese Farben! Ich hatte sie in ähnlicher Anordnung schon einmal gesehen. Und ich wußte auch, bei wem! Wißt ihr es auch? Ja, genau! Schmatzimilian, unser lieber Schmatzimilian, der so plötzlich verschwunden war, hatte die gleichen Farben auf seinem Körper gehabt. Konnte es möglich sein, daß ich hier Schmatzimilian in Schmetterlingsgestalt vor mir hatte?

Wie ihr wißt, lebt jeder Schmetterling zuerst einmal eine Zeitlang als Raupe, nachdem er aus dem Ei geschlüpft ist. Später verpuppt er sich dann, oft während der Dauer des Winters, um dann im Frühling oder Sommer als fertiger Schmetterling die Puppenhülle zu verlassen. Es paßte alles zusammen. Erinnert euch, Schmatzimilian war ja in einem Ei aus Afrika in unsere Gegend verschlagen worden. Dies würde auch seine ungewöhnliche Färbung und Größe erklären, denn solche Riesenschmetterlinge gibt es nur in Afrika. Sein plötzliches Verschwinden wäre demnach auch aufgeklärt: Er hatte sich verpuppt und hatte so irgendwo, wahrscheinlich in der Erde unter unserem Maulbeerbaum, den Winter verbracht. Ja, so mußte es gewesen sein. Aber ganz sicher war ich mir noch immer nicht. Es mußte mir irgendwie gelingen, mit dem Schmetterling zu sprechen. Wenn ich ihm in die Augen sehen könnte, würde ich sofort wissen, ob er Schmatzimilian war oder nicht. Die Augen sind der einzige Körperteil eines Insekts, in dem man seine Seele erkennen kann. (Ich nehme an, bei Menschen ist es dasselbe.)

Der schöne große Schmetterling schwebte also vorbei in seiner unnachahmlichen Art und unter tosendem Applaus und Gesurre, das anscheinend nie enden wollte.

Ich hatte mit der Wahl meines neuen Standorts recht gehabt. Der Schmetterling flog eine Schleife und kehrte zu den Hummeln auf das Dachfirst zurück, wo er sich niederließ. Ganz in meiner Nähe. Während ihn die Hummeln noch einmal beglückwünschten, kroch ich schnell näher. Der Schmetterling nahm bescheiden lächelnd die Glückwünsche entgegen. Und dann, als seine Augen rein zufällig abschweiften, gelang es mir, seinen Blick zu fangen. Ein heißes Gefühl von Zuneigung durchströmte mich. Ohne Zweifel, das war Schmatzimilian!

»Schmatzimilian!« wollte ich rufen und auf ihn zurennen, aber in diesem Moment schob sich der pelzige Körper einer dicken Hummel zwischen uns, und gleich darauf schwirrte ein Schwarm frecher Mücken herbei und versperrte mir vollends die Sicht. In einem plötzlichen Anfall von Zorn rannte ich mit voller Wucht gegen die plumpe Hummel, um sie aus dem Weg zu stoßen. Das hätte ich aber nicht tun dürfen. Die Hummel war viel zu schwer für mich Winzling. Der Anprall raubte mir das Gleichgewicht, und ich fiel Hals über Kopf das steile Dach hinunter.

In der Dachrinne fand ich mich schließlich wieder.

Ohnmächtig vor Zorn und Schreck rappelte ich mich auf die Beine und versuchte, wieder auf das Dach zu kommen. Aber die Dachrinne war zu tief für mich. Ich konnte die Dachziegel nicht erreichen. So schnell ich konnte, rannte ich in der Dachrinne nach vorne, denn weiter vorne sah ich eine Ansammlung von Erde, die bis zu den Dachziegeln reichte. Dort angekommen kletterte ich hastig hinauf und ... und sah gerade noch, wie sich die Hummeln und die anderen Insekten mit Schmatzimilian in der Mitte in den dämmrigen Abendhimmel erhoben. Der Schwarm der anderen Schmetterlinge schloß sich ihnen an – ein matt leuchtender, flimmernder Schwarm, der rasch in der zunehmenden Dunkelheit entschwand.

21. KAPITEL Nächtlicher Besuch

Stille lag über den Dächern. Nur ein paar Grillen zirpten unten im Garten, sonst war es still. Schmatzimilian war fort, und er hatte mich nicht erkannt! Von einem Augenblick auf den anderen befiel mich ein Gefühl von tiefer Traurigkeit. Ich schluchzte. So hockte ich eine Weile am Rand der Dachrinne und schaute in den Nachthimmel, ohne ihn richtig wahrzunehmen. Schließlich stieg ich auf das Dach hinauf – unter großer Anstrengung, denn mein Körper fühlte sich plötzlich bleischwer an. Bleischwer, das machte die Traurigkeit. Ich war müde und wollte nur eins: mich in meinen Pinsel verkriechen und an nichts denken.

Als ich durch die Luke in den Dachboden hinunterkletterte, saßen dort in einem Kreis die Motten und besprachen fröhlich plappernd die vergangenen Ereignisse. Ich wollte mich an ihnen vorbeischleichen, denn ich hatte keine Lust, mit jemandem zu reden. Aber eine Motte bemerkte mich, als ich hinter die Farbdosen kriechen wollte. Sie lief mir nach und rief: »Mehli! Wohin bist du denn plötzlich verschwunden? Was sagst du zu dem Fest, war das nicht wundervoll? Ich sage dir, beinahe hätten wir einen Preis bekommen, beinahe! Und der fremde Schmetterling! War der nicht wunderschön? Aber was hast du denn? Warum sagst du nichts?«

»Laß mich«, sagte ich traurig. »Ich bin müde. Ich möchte schlafen.«

»Mehli! Bist du etwa krank?« rief die Motte besorgt.

»Nein, ich bin nicht krank«, erwiderte ich. »Laß mich bitte allein. Ich bin nur müde. Morgen erzähle ich dir vielleicht alles. Morgen ... Jetzt möchte ich allein sein ...«

Die gute Motte betrachtete mich äußerst besorgt, aber sie schwieg rücksichtsvoll und kehrte dann zögernd zu den anderen zurück.

Schwerfällig kroch ich in mein Pinselnest. Ach, es war zum Aus-der-Haut-fahren! So nahe war ich ihm gewesen, so nahe! Und jetzt ... Ich versank in einem Meer von Schwermut.

Mitten in der Nacht wurde ich plötzlich aus dem Schlaf gerüttelt. »Mehli, wach auf! Wach auf!« hörte ich eine Stimme immer wieder rufen. Schlaftrunken machte ich die Augen auf und kroch umständlich aus dem Pinsel. Es war eine Motte. »Na endlich«, sagte sie und lächelte dabei auf seltsame Art.

»Was ist los?« fragte ich, noch halb schlafend. »Wo brennt's denn?«

»Du hast Besuch!« sagte die Motte.

»Wer? Ich?« Wer sollte mich schon besuchen? Und noch dazu mitten in der Nacht!

»Klettere 'rauf aufs Dach«, sagte die Motte geheimnisvoll grinsend. »Er wartet neben der Luke.«

Er? Wer war er? Wollte sie mich auf den Arm nehmen?

»Geh schon!« sagte die Motte. »Ich hab' ihm gesagt, du kämst gleich.«

Ja so was? Nun war ich selber neugierig geworden. Ich kletterte den schrägen Balken zur Dachluke hinauf und zog mich über den Rahmen aufs Dach hinaus. Direkt vor mir, keine drei Schritte entfernt, saß im Mondlicht eine Gestalt. Mein Herz machte einen gewaltigen Hopser, als ich die Gestalt erkannte. »Schmatzimilian!« rief ich, und eine Flut von Gefühlen stürzte auf mich ein.

»Mehli ...«, sagte Schmatzimilian leise. »Du bist es also wirklich!«

Im nächsten Augenblick lagen wir uns in den Armen. »Lieber, schöner Schmatzimilian ...« Ich mußte weinen vor lauter Glück. Auch Schmatzimilian war tief gerührt.

Nachdem wir uns ausreichend abgeknutscht und abgeküßt hatten, ging das Erzählen los. Nach und nach erfuhr ich Schmatzimilians Lebensweg, nachdem er von dem Maulbeerbaum verschwunden war. Es war so, wie ich vermutet hatte. Schmatzimilian hatte sich verpuppt – aus einem Urtrieb heraus, der ihm nicht einmal Zeit gelassen hatte, sich von uns zu verabschieden – und hatte den Winter in der Erde unter unserem Maulbeerbaum verbracht. Genau, wie ich angenommen hatte. Im Frühling

hatte er dann als fertiger Schmetterling die Erde verlassen, und das erste, was er getan hatte, war, uns zu suchen. Jedoch vergebens. Fritz und Melonko hatten sich kein einziges Mal beim Maulbeerbaum blicken lassen, und ich war ja die ganze Zeit auf dem Dachboden gewesen.

Dann erzählte ich meine Erlebnisse, und das dauerte fast den Rest der Nacht. Die Motten kamen zwischendurch zu uns herauf, brachten uns Mehlhäppchen und waren voller Stolz, daß sie so hohen Besuch bewirten durften. Schmatzimilian und ich wurden des Redens nicht müde. Soviel gab es zu erzählen! Ich war wie ausgewechselt. Meine Müdigkeit und Traurigkeit waren wie weggeblasen. Wir frischten die Erinnerungen an die alten Zeiten auf. Das Leben auf dem Maulbeerbaum, die Sache mit der Salbe ... Schmatzimilian war damals zwar noch ein Raupenkind gewesen und hatte noch nicht sprechen können, aber jetzt, wo ich ihm alles wieder ins Gedächtnis rief, konnte er sich sehr gut erinnern. Die meisten Sätze fingen an mit: »Weißt du noch ...«

Der Gesprächsstoff wollte uns nicht ausgehen.

Schließlich graute der Morgen. Die Sonne stieg langsam im Osten auf. Es war einer der schönsten Morgen, die ich je erlebt hatte. Das Leben war wieder wundervoll, voller Schönheit und Zauber, und die Zukunft war nicht mehr grau und trübe, sondern leuchtend hell.

»Wir müssen unbedingt Fritz und Melonko finden!« sagte Schmatzimilian. »Ich möchte den alten Tausendfüßler wiedersehen.«

»Jaaa!« rief ich begeistert. »Fliegen wir zum Maulbeerbaum! Suchen wir sie. Dann wird alles wieder wie früher sein!«

Auf dem Dachboden hielt mich jetzt nichts mehr. Wir wollten keine Zeit verlieren und gleich zum Maulbeerbaum fliegen. Ich verabschiedete mich von meinen lieben Freunden, den Motten. Sie wollten mich gar nicht weglassen; denn wir hatten uns richtig liebgewonnen. Ich mußte ihnen hoch und heilig versprechen, sie in diesem Leben noch einmal zu besuchen. Dann kletterte ich auf Schmatzimilians breiten Rücken, und kurz darauf befanden wir uns auch schon in der Luft.

Die Sonne war inzwischen ganz hervorgekommen – ein glühender Ball hinter verblassendem Morgenrot, und wir flogen ihr entgegen, immer näher der guten alten Heimat.

22. KAPITEL Wieder auf dem Maulbeerbaum

Schmatzimilian und ich waren nach einem wunderbaren Flug beim Maulbeerbaum angekommen. Er landete auf dem waagrechten Ast, an dessen Anfang sich die Höhle befand, die ich vor einem Jahr genagt hatte. Es hatte sich kaum etwas verändert, außer daß die Höhle jetzt unbewohnt war und einen kahlen und ein bißchen traurigen Eindruck machte. Es sah ganz so aus, als ob Fritz und Melonko ebenfalls den Baum seit letztem Jahr nicht mehr betreten hätten. Aber wo waren sie dann? Schmatzimilian flatterte in der Baumkrone herum und suchte die alten vertrauten Orte auf, an denen er als Raupenbaby seine ausgiebigen Mahlzeiten gehalten hatte. Liebevoll beobachtete ich ihn. Ich konnte es noch immer kaum glauben, daß er jetzt ein ausgewachsener Schmetterling war. Seine Größe und seine Schönheit setzten mich immer wieder in Staunen und Bewunderung. Fritz müßte ihn jetzt sehen!

Schmatzimilian flog zu mir auf den Ast herunter. »Ich kann mich wieder an alles erinnern«, sagte er. »Dort oben war mein Lieblingsplatz, weißt du noch?«

»Ja«, sagte ich lächelnd. »Wenn ich nur wüßte, wo Fritz jetzt steckt!«

Und dann hatte ich eine Idee! »Schmatzimilian«, sagte ich. »Ich weiß jetzt, was wir machen. Wir fliegen zu meiner alten Wohnung, dem Baumstrunk unten am Tümpelsee. Ich habe dir davon erzählt. Vielleicht finden wir Fritz dort.«

Ich setzte mich wieder auf Schmatzimilians Rücken,

zeigte ihm die Richtung, in die er fliegen mußte, und bald darauf landeten wir auf dem modrigen Baumstumpf. Ich kroch sofort in die Eingangshöhle. Schon im Vorraum schlug mir ein alter, vertrauter Geruch entgegen. Es roch unzweifelhaft nach Tausendfüßler! Nun war ich nicht mehr zu halten. »Fritz!« rief ich, »Friiiitz!« und stürmte den engen Gang zum Hauptraum hinauf. Als ich jedoch die Wohnhöhle erreichte, mußte ich feststellen, daß sie leer war. Im ersten Moment war ich enttäuscht und ernüchtert. Kein Fritz, keine Melonko zu sehen. Aber dann sagte ich mir, daß sie wahrscheinlich gerade unterwegs sein mußten. Der Geruch des Tausendfüßlers war ganz unverkennbar vorhanden, und an gewissen Spuren sah ich deutlich, daß der Baumstrunk von Fritz bewohnt wurde.

Ich kroch zum Ausgang zurück und teilte Schmatzimilian meine Beobachtungen mit. Wir beschlossen, nebenan, im Schatten des Kamillenwaldes, die Rückkehr von Fritz und der Ameise abzuwarten. Sie würden sicher bald kommen.

Eine große Vorfreude auf die kommende Begegnung hatte uns ergriffen. Ich freute mich wie ein Verrückter auf das Gesicht, das Fritz machen würde, wenn er mich und Schmatzimilian sehen würde.

Die Zeit verging furchtbar langsam. Es war bereits Nachmittag, und die beiden Freunde hatten sich noch immer nicht sehen lassen. Geduldig warteten wir.

Eine weitere Stunde war vergangen. Ich begann unruhig zu werden. Eben wollte ich zu Schmatzimilian eine Bemerkung machen, als plötzlich zwei Pferdefliegen auf dem Baumstrunk landeten. Die eine fing gleich darauf wild gestikulierend zu reden an. Ich konnte nicht hören, was sie sagte, aber das Erscheinen der beiden Fliegen brachte mich auf den Gedanken, sie über Fritz und Melonko zu befragen. Vielleicht kannten die Fliegen unsere Freunde?

»Hallo!« rief ich und kroch zum Baumstrunk. »Schönen Tag! Ich hätte eine Frage an euch!«

Die Fliegen grüßten freundlich, und dann sahen sie Schmatzimilian. »Oh, sieh doch!« sagte die eine Pferdefliege zu der anderen und zeigte auf Schmatzimilian. »Das ist doch der schöne Schmetterling, der gestern den Schönheitswettbewerb gewonnen hat!«

»Ach, ihr wart also auch bei dem Fest!« sagte ich erfreut. »Wie schön. Aber hört zu, kennt ihr vielleicht

einen Tausendfüßler namens Fritz, der immer mit einer Ameise zusammen ist? Wohnt er hier? Wißt ihr, wo die zwei jetzt sind?«

»Was, ihr kennt Fritz und Melonko?« riefen die beiden Fliegen wie aus einem Mund. »Dann haben wir eine schlimme Nachricht für euch. Heute morgen haben eine Unmenge von schwarzen Ameisen den Baumstrunk überfallen und Fritz und Melonko in ihren Bau verschleppt. Sie hatten keine Chance. Die Ameisen sind ganz plötzlich aufgetaucht, sind in den Strunk eingedrungen und haben Fritz und Melonko mit Spinnweben gefesselt herausgezerrt. Ich war zufällig in der Nähe und habe alles genau beobachten können. Sie sind gefangen in der Ameisenburg!«

Schmatzimilian und ich waren zutiefst erschrocken, als wir das hörten. Die Ameisen! Sie trieben also noch immer ihr Unwesen! Meine Gedanken überschlugen sich. Fritz und Melonko gefangen! Wir mußten sie befreien, und zwar rasch! Aber wie? – Aber wie? Mein nächster Gedanke war Babalubo. »Schmatzimilian! Schnell, flieg los! Schnell, schnell! Ich sag' dir die Richtung, sobald wir in der Luft sind!«

In weniger als zehn Minuten waren wir an der westlichen Uferböschung des Tümpels vor Babalubos Höhleneingang angekommen. Das nun Folgende ging schnell vor sich, Schlag auf Schlag. Ich werde mir eine ausführliche Schilderung der Ereignisse ersparen. Nur soviel: Babalubo war zu Hause, und er war hocherfreut, als er mich sah. Ich berichtete ihm in kürzester Form die Lage der Dinge, und Babalubo wußte Rat – wie immer. Gleich in seiner Nachbarschaft, in der Lehmböschung, hatte ein Maulwurf in diesem Frühling seine Gänge und Höhlen angelegt. Babalubo und er waren gute Freunde geworden. Wir gingen sofort zu ihm und schilderten ihm die ganze Situation. Der Maulwurf war gleich bereit, uns zu helfen. Bei Einbruch der Dunkelheit wanderte er los, erreichte nach einigen Stunden den Hügel der schwarzen Ameisen und – ja, und grub ihn um!

Als wir am nächsten Tag die zerstörte Ameisenburg besichtigten, sahen wir, wie gründlich der Maulwurf gearbeitet hatte. Der Ameisenhügel war mehrfach durchwühlt, und alle schwarzen Ameisen hatten die Flucht ergriffen. Doch ich will nicht vorgreifen ... Während der Maulwurf also zum Ameisenhügel unterwegs war, flog Schmatzimilian mit mir zum Maulbeerbaum. Wir hatten dem Maulwurf aufgetragen, daß er Fritz und Melonko, wenn er sie befreit hatte, zum Maulbeerbaum schicken sollte. Er sollte ihnen nur sagen, daß sie dort dringend erwartet würden – mehr nicht.

Ein heller Mond leuchtete am Himmel und tauchte die Landschaft unter uns in milchiges Licht. Schmatzimilian und ich hockten auf dem waagrechten Ast und starrten bereits seit einer Stunde hinunter zum Kamillenwald, wo wir in gespannter Erwartung auf das Erscheinen der beiden Freunde harrten. Und dann war es soweit.

Im Mondlicht tauchten plötzlich Fritz und Melonko aus dem Kamillenwald auf.

»Komm, verstecken wir uns!« flüsterte ich zu Schmatzimilian. Wir krochen hinter zwei große Blätter und warteten. Mein Herz schlug mir bis zum Hals. Freudenschauer liefen mir den Rücken hinauf und hinunter. Wir mußten nicht lange warten. Fritz und Melonko erklommen den

Ast, auf dem wir uns befanden, und wir sahen, wie sie sich suchend umschauten. Ich hatte Mühe, still zu bleiben. Ein Lachen saß mir in der Kehle und wollte mich schier zum Zerspringen bringen. Jetzt schaute Melonko in die Wohnhöhle und schüttelte dann den Kopf.

»Hat uns wohl an der Nase herumgeführt, der alte Maulwurf!« sagte Fritz und suchte ratlos die Baumkrone ab. »Komm, gehen wir, Melonko ...«

Ich tupfte Schmatzimilian in die Seite. »Los!« sagte ich. Wir krochen langsam hinter den Blättern hervor, auf Fritz und Melonko zu.

Jetzt bemerkten sie uns. Wir gingen noch ein paar Schritte weiter, bis der Mond uns voll beleuchtete. Fritz' Gesicht werde ich nie im Leben vergessen. Er glotzte und glotzte und glotzte. Dann schrie er plötzlich auf: »Meeeeeeehliiiiiii!!« Im nächsten Augenblick lagen wir uns in den Armen. Hundertvierundvierzig Arme und Beine hielten mich umklammert, drückten und preßten mich. Wir wären beinahe vom Baum hinuntergefallen.

»Fritz ...«, stammelte ich, »Fritz ...«

Melonko hatte Tränen in den Augen. Nicht nur sie ... Und dann erst, als Fritz Schmatzimilian wiedererkannte! Ach, ich kann es gar nicht beschreiben. Es gibt keine Worte, um das auszudrücken, was dann folgte. Ich glaube, es ist nirgendwo auf der Welt an jenem Abend soviel gelacht und geredet worden wie auf jenem Maulbeerbaum am Rande eines gewissen Tümpelsees. Wir waren alle wieder beisammen, genau wie früher. Wir genossen jede Sekunde ...

Aber das Glück wollte noch immer kein Ende nehmen! Hört zu: Wie wir so plaudernd und lachend nebeneinander auf dem Ast saßen, hörten wir plötzlich ein tiefes, kräftiges Flügelbrummen. Wir schauten erstaunt in die Richtung, aus der das Brummen kam. Ein dicker, brauner Käfer kam da schwerfällig auf uns zugeflogen und winkte aufgeregt mit sämtlichen Beinen und Fühlern. Es war der anscheinend unverwüstliche Maikäfer! »Mehliiii!« rief er schon von weitem. »Ich habe die Mühle gefuuunden!!«

Und das warf mich um. Das war zuviel auf einmal! Ich glitt aus, verlor den Halt und fiel in die Tiefe ... Noch während des Falles spürte ich plötzlich ein seltsames Kribbeln auf meinem Rücken; es knisterte und knackte leise, und dann schien mein Rückenpanzer zu platzen. Zwei gläserne Flügel schossen hervor, vibrierten und summten und trugen mich durch die Luft.

»Seht heeeer! Schaut mich aaaan!« rief ich mit überschlagender Stimme. »Ich kann es! Ich kann fliegen! Ich kann fliiiiiiiegen!!«

Inhalt

1. TEIL: AM TEICH

1. Kapitel
Die Zuckermelone *7*

2. Kapitel
Das gelbe Ei mit den roten Streifen *12*

3. Kapitel
Melonko, die Ameise *20*

4. Kapitel
Der Maulbeerbaum *31*

5. Kapitel
Freund Maikäfer *40*

6. Kapitel
Die Flugreise *53*

7. Kapitel
Baldur, der Schwärmer *62*

8. Kapitel
Ein großes Ereignis *70*

9. Kapitel
Schmatzimilian *83*

10. Kapitel
Nepomuk, der Zwergmäuserich *91*

11. Kapitel
Die Fahrt über den Tümpelsee *102*

12. Kapitel
Das Konzert *112*

13. Kapitel
Schmatzimilians rätselhaftes Verschwinden *120*

2. TEIL: IN DEN HÄUSERN DER MENSCHEN

14. Kapitel
Flirr, die Libelle *131*

15. Kapitel
Die Hornissen *140*

16. Kapitel
Der Flug zu den Häusern der Menschen *150*

17. Kapitel
Hanna, die Spinne *159*

18. Kapitel
In der Küche der Menschen *168*

19. Kapitel
Der Dachboden *179*

20. Kapitel
Der Schönheitswettbewerb *184*

21. Kapitel
Nächtlicher Besuch *198*

22. Kapitel
Wieder auf dem Maulbeerbaum *203*

GULLIVERS BÜCHER

Taschenbücher
für Kinder
bei Beltz & Gelberg

Eine Auswahl

Peter Härtling
1 BEN LIEBT ANNA
Roman
Bilder von Sophie Brandes
80 S. (78001) ab 9

Hans Manz
5 DIE KUNST, ZWISCHEN DEN ZEILEN ZU LESEN
Neues Sprachbuch für Kinder
Zeichnungen von
Moritz Baumgartl
144 S. (78005) ab 10

Susanne Kilian
7 LENAKIND
Eine Mädchengeschichte
96 S. (78007) ab 11

Helga Gebert
10 DAS GROSSE RÄTSELBUCH
Mit vielen Suchbildern
120 S. (78010) ab 8

Sophie Brandes
12 HAUPTSACHE, JEMAND HAT DICH LIEB
Roman. Bilder von
Sophie Brandes
160 S. (78012) ab 10

Walter Moers
25 DIE SCHIMAUSKI-METHODE
Vierfarbige Bildergeschichten
56 S. (78025) ab 10

Susanne Kilian
26 KINDERKRAM
Kinder-Gedanken-Buch
Bilder von
Nikolaus Heidelbach
128 S. (78026) ab 10

Horst Künnemann/
Eckart Straube
27 SIEBEN KOMMEN DURCH DIE HALBE WELT
Phantastische Reise in
22 Kapiteln
Bilder von Eckart Straube
184 S. (78027) ab 10

Peter Härtling
35 ALTER JOHN
Erzählung
Bilder von Renate Habinger
112 S. (78035) ab 10

Klaus Kordon
37 ICH BIN EIN GESCHICHTEN-ERZÄHLER
Viele Geschichten und ein Brief
136 S. (78037) ab 10

Klaus Kordon
46 BRÜDER WIE FREUNDE
Roman
152 S. (78046) ab 10

Helga Gebert
48 RIESEN & DRACHEN
Märchen. Aus dem Englischen
und mit Federzeichnungen von
Helga Gebert
192 S. (78048) ab 8

Hans-Joachim Gelberg (Hrsg.)
50 ÜBERALL UND NEBEN DIR
Gedichte für Kinder
in sieben Abteilungen
Mit Bildern von vielen Künstlern
304 S. (78050) Kinder & Erw.

Iva Procházková
57 DER SOMMER HAT ESELSOHREN
Erzählung
Aus dem Tschechischen
Bilder von Svend Otto S.
220 S. (78057) ab 10

Erwin Moser
60 DER MOND HINTER DEN SCHEUNEN
Eine Fabel von Katzen, Mäusen und Ratzen
Kapitelzeichnungen von
Erwin Moser
272 S. (78060) ab 8

65 RÖCKENER'S GECKO
Ein Magazin
64 S., teils vierfarbig
(78065) ab 8

Simon & Desi Ruge
66 KATZE MIT HUT
Roman für Kinder in zehn
Geschichten
Bilder von Helga Gebert
212 S. (78066) ab 8

Josef Guggenmos
70 ZWEI MIT VIER BEINEN
Rätsel über Rätsel
Bilder von
Rotraut Susanne Berner
76 S. (78070) ab 8

Peter Härtling
73 JAKOB HINTER DER BLAUEN TÜR
Roman
Bilder von
Sabine Friedrichson
104 S. (78073) ab 10

Janosch
80 DIE GESCHICHTE VON ANTEK PISTOLE
Ein Räuber-Roman aus
Margarinien
Bilder von Janosch
48 S. (78080) ab 8

Frantz Wittkamp
83 ICH GLAUBE, DASS DU EIN VOGEL BIST
Verse und Bilder
Bleistiftzeichnungen von
Frantz Wittkamp
104 S. (78083) ab 10

Hans-Joachim Gelberg (Hrsg.)
85 GEH UND SPIEL MIT DEM RIESEN
Erstes Jahrbuch der
Kinderliteratur
Mit teils vierfarbigen Bildern
304 S. (78085) Kinder & Erw.

Benno Pludra
86 DAS HERZ DES PIRATEN
Roman. Bilder von Jutta Bauer
176 S. (78086) ab 10

Frederik Hetmann
93 WILDWEST-SHOW
Geschichten über Geschichten
Bilder von Helga Gebert
144 S. (78093) ab 10